中学公民を
ひとつひとつわかりや

［改訂版］

JN029708

Gakken

☺ みなさんへ

「社会権ってどういう権利？」「銀行はどんな仕事をしているの？」

公民は世の中の流れやしくみを学べる，とても面白い分野です。中学の公民では，人権や憲法，国会や内閣，株式会社や税金，国際社会など，さまざまなことをテーマに，社会的な見方や考え方を学習します。

公民の学習は用語を覚えることも大切ですが，暗記だけでは本当の実力はつきません。

この本では，文章をなるべく読みやすい量でおさめ，特に大切なところをみやすいイラストでまとめています。ぜひイメージをふくらませながら読んでください。

みなさんがこの本で社会の知識や考え方を身につけ，「社会っておもしろいな」「もっと知りたいな」と思ってもらえれば，とてもうれしいです。

☺ この本の使い方

1回15分，読む→解く→わかる！

1回分の学習は2ページです。毎日少しずつ学習を進めましょう。

左ページが解説です。

書き込み式の練習問題です。

解答・解説

まちがえやすい部分や学習のコツがのっています。

答え合わせも簡単・わかりやすい！

解答は本体に軽くのりづけしてあるので，引っぱって取り外してください。

問題とセットで答えが印刷してあるので，簡単に答え合わせできます。

復習テストで，テストの点数アップ！

各章のあとに，これまで学習した内容を確認するための「復習テスト」があります。

😊 学習のスケジュールも，ひとつひとつチャレンジ！

まずは次回の学習予定日を決めて記入しよう！

最初から計画を細かく立てようとしすぎると，計画を立てることがつらくなってしまいます。
まずは，次回の学習予定日を決めて記入してみましょう。

1日の学習が終わったら，もくじページにシールを貼りましょう。
どこまで進んだかがわかりやすくなるだけでなく，「ここまでやった」という頑張りが見える
ことで自信がつきます。

カレンダーや手帳で，さらに先の学習計画を立ててみよう！

スケジュールシールは多めに入っています。カレンダーや自分の手帳にシールを貼りながら，まずは1週間ずつ学習計画を立ててみましょう。

あらかじめ定期テストの日程を確認しておくと，直前に慌てることなく学習でき，苦手分野の対策に集中できますよ。

計画通りにいかないときは……？

計画通りにいかないことがあるのは当たり前。
学習計画を立てるときに，細かすぎず「大まかに
立てる」のと「予定の無い予備日をつくっておく」
のがおすすめです。
できるところからひとつひとつ，頑張りましょう。

もくじ 中学公民

次回の学習日を決めて，書き込もう。
1回の学習が終わったら，巻頭のシールを貼ろう。

シールを
はろう

わかる君を探してみよう！

この本にはちょっと変わったわかる君が全部で
５つかくれています。学習を進めながら探して
みてくださいね。

色や大きさは，上の絵とちがうことがあるよ！

01 グローバル化・情報化ってどういうこと？

近年，物・お金・人・情報などの国境を越えた地球規模の移動がさかんです。このように世界が結びつきを強めることを**グローバル化**といいます。いっぽうで，地球温暖化のように，各国が**国際協力**を進めて取り組まなくてはいけない問題も増えています。

●グローバル化による世界の動き

【国際分業が進む】

A国シート
B国機首
C国主翼
D国エンジン

各国が自国の得意な分野に力を入れ，得意でない分野は他国に頼る。

【激しい国際競争】

A国の自動車　VS　B国の自動車

デザインがよい　　　　　燃費がよい

自国の商品と他国の商品との間で，質や価格を争う国際競争が激しくなった。

インターネットなどの**情報通信技術（ICT）**の発達で，情報が社会の中で重要な役割をもつようになりました（**情報化**）。私たちはたくさんの情報から自分に必要な情報を選び，利用・活用していく力（**情報リテラシー**）を身につけなくてはいけません。

●最新の情報通信技術と情報社会の課題

【人工知能（AI）の活用】

AI店員

どなたに花を贈りますか？

人工知能とは，人間の知的な活動をコンピューターに担わせた技術のこと。

【さまざまなトラブル】

なんで僕の写真と住所が！

ひどいこと言わないで…

アイツ嫌い
ホント大嫌い
www

個人情報の流出　　　SNSでの中傷

SNSはソーシャル・ネットワーキング・サービスの略。同じ趣味の人などがインターネットで交流できる。

1 　　　　にあてはまる語句を書きましょう。

(1) 物やお金，人や情報が国境を越えて移動し，世界が結びつきを強めること

を 　　　　　　　　 化といいます。

(2) 自国の得意な分野に力を入れ，得意でない分野は他国に頼る

　　　　　　　　 が進んでいます。

(3) 世界では，異なる国の企業間（きぎょうかん）で，商品の質や価格をめぐって激しい

　　　　　　　　 が起こっています。

(4) 近年，　　　　　 化が進み，情報が重要な役割をもつようになりました。

(5) 人間の知的な活動をコンピューターに担わせた技術のことを，アルファ

ベットの略称（りゃくしょう）で 　　　　 といいます。

(6) インターネット上における，個人の名前や住所などの

　　　　　　　 の流出や悪用が問題となっています。

2 （　　　）のうち，正しいほうを選びましょう。

(1) インターネットなどの（ ICT・EU ）が発達し，（ NGO・SNS ）

などを通じて，多くの情報を発信したり入手したりできるようになりました。

(2) たくさんの情報から自分に必要な情報を選び，利用・活用していく力を

（ 国際協力・情報リテラシー ）といいます。

😊 ミス注意 情報化に関わる用語では，さまざまなアルファベットの略称が出てくるので混同しないようにすること。

02 少子高齢化
少子高齢化が進んで問題になることは？

近年日本では，子どもの数が減る**少子化**と，高齢者の割合が高くなる**高齢化**が同時に進んでいます（**少子高齢化**）。このような社会を**少子高齢社会**といいます。また，家族の形も変化し，親と子ども，または夫婦だけからなる**核家族世帯**が増えています。

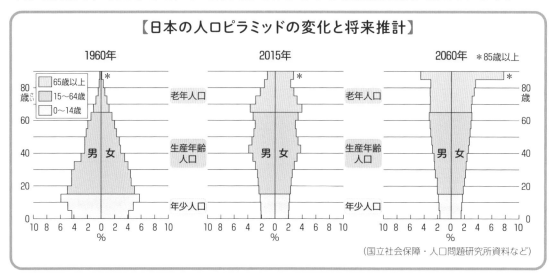

【日本の人口ピラミッドの変化と将来推計】

（国立社会保障・人口問題研究所資料など）

●少子高齢化が進んだ理由

合計特殊出生率の減少
未婚率の上昇や晩婚化により，1人の女性が一生の間に産む子どもの平均の人数が減った。

かつては
今は

平均寿命の延び
医療の発達などで平均寿命が延びた。
日本人の平均寿命は男性約81歳，女性約87歳で世界有数（2018年）。

●少子高齢化の問題点

今後も生産年齢人口の割合が減っていくため，働く人にとって高齢者の生活を支える社会保障制度の費用の負担が重くなります。

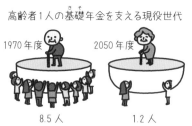

高齢者1人の基礎年金を支える現役世代

1970年度　8.5人
2050年度　1.2人

社会保障制度
年金　医療保険
介護保険　費用がかかるな…

基 本 練 習

→ 答えは別冊2ページ

1 □□□ にあてはまる語句を書きましょう。

(1) 近年日本では，子どもの数が減る □□□□ 化と，高齢者の割合が高

くなる高齢化が同時に進み，□□□□□ 化が進んでいます。

(2) (1)のような社会を □□□□□ 社会といいます。

(3) 日本で割合が増えている，親と結婚していない子ども，または夫婦だけか

らなる世帯を □□□□ 世帯といいます。

(4) □□□□□□ とは，１人の女性が一生の間に産む子どもの

平均の人数のことで，日本では昔より減少しています。

(5) 医療の発達で日本人の □□□□□ が延び，高齢化が進みました。

2 （　　　） のうち，正しいほうを選びましょう。

(1) 日本の2015年の人口ピラミッド

にあてはまるのは，右の

（　A・B　）です。

(2) 2018年の，日本の女性の平均寿

命は約（　81・87　）歳です。

(3) 2050年には，高齢者１人の基礎年金を，現役世代の約（　1.2・2.6　）

人で支えることになると推計されています。

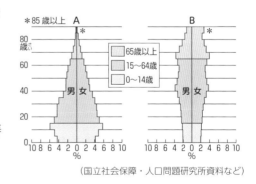

（国立社会保障・人口問題研究所資料など）

😊 🌸 少子高齢化の背景と問題点を押さえる。

03 文化やきまりってどういうこと？

　私たちの暮らしに関わる慣習や生活様式，価値観や行動のしかたなどを**文化**といいます。とくに古くから伝わる文化を**伝統文化**といいます。また，世界にはさまざまな文化があるので，互いの文化を認め尊重し合うこと（**多文化共生**）が重要です。

●さまざまな文化

【生活と文化】

科学　宗教

芸術

科学の発展は暮らしを豊かにし，**宗教や芸術**は人々に勇気や希望を与える。

【伝統文化】

1月 初詣　2月 節分　歌舞伎

7月 七夕　11月 七五三

年中行事は，毎年決まった時期に行われる。

歌舞伎や茶の湯などは日本の代表的な伝統文化。

　人間は**社会的存在**であるといわれ，家族や地域社会などさまざまな**社会集団**の中で暮らしています。社会集団では**対立**が起こることもあるので，相手の意見をよく聞いて，互いが納得できる解決策を話し合い，**合意**を目指して努力することが重要です。

●対立を合意に導く

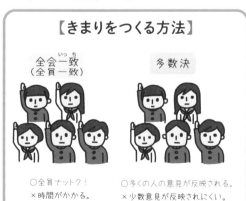

【きまりをつくる方法】

全会一致（全員一致）　多数決

○全員ナットク！
×時間がかかる。

○多くの人の意見が反映される。
×少数意見が反映されにくい。

【よりよい合意に導くために…】

効率と公正

対立　合意

効率とは…資源や労力などが無駄なく使えていること。
公正とは…全員がきまりをつくる過程に参加すること（手続きの公正さ）や，機会や結果に不公平がないこと（機会や結果の公正さ）。

基本練習

→ 答えは別冊2ページ

1 | にあてはまる語句を書きましょう。

(1) 私たちの暮らしに関わる慣習や生活様式などを [   ] といい，とくに古くから伝わるものを [   ] といいます。

(2) 互いの文化を認め尊重し合うことを [   ] といいます。

(3) 科学の発展は私たちの暮らしを豊かにしてくれます。また，宗教や [   ] は私たちに勇気や希望を与えてくれます。

(4) 節分や七夕などの [   ] は毎年決まった時期に行われます。

(5) 社会集団では対立が起こることもあるので，互いに解決策を話し合い，[   ] を目指して努力することが重要です。

(6) 多くの人が賛成する意見に決める方法を [   ] といい，この方法をとるときは，[   ] にも十分配慮しなくてはいけません。

2 （   ） のうち，正しいほうを選びましょう。

(1) 毎年2月には（ 節分・端午の節句 ）が，11月には（ 彼岸会・七五三 ）が行われます。

(2) 「資源や労力などが無駄なく使えているか」は（ 効率・公正 ）の視点，「全員がきまりをつくる過程に参加しているか」や，「機会や結果に不公平がないか」は（ 効率・公正 ）の視点です。

☺ 🈷 多数決は一定時間内で物事を決めるのに適しているが，短所もあることを押さえておく。

1章 私たちと現代社会

得点

／100点

復習テスト①

1

グローバル化と情報化について，次の資料を見て，あとの問いに答えましょう。

【各10点 計30点】

資料1　航空機生産の一例

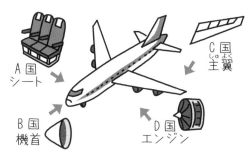

A国 シート
C国 主翼
B国 機首
D国 エンジン

資料2　日本の主な情報機器の世帯普及率

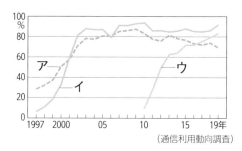

（通信利用動向調査）

⑴　資料1のように，各国が自国の得意な分野で生産し，得意でない分野の生産は他国に頼ることを何といいますか。漢字4字で答えなさい。

〔　　　　　　　〕

⑵　資料2は，パソコン，インターネット，スマートフォンの世帯普及率を示したものです。ア～ウのうち，スマートフォンの世帯普及率を示しているものを1つ選び，記号で答えなさい。

〔　　　　　　　〕

⑶　現在の社会では接客の仕事をコンピューターが担当する場面が増えてきています。このように，人間の知的な活動をコンピューターに担わせた技術のことを何といいますか。

〔　　　　　　　〕

2

日本の人口構成について，次の資料を見て，右ページの問いに答えましょう。

【⑷は16点，ほかは各8点　計40点】

資料1　将来の年齢別人口の割合（％）

年	0～14歳	15～64歳	65歳以上
2015	12.5	60.8	26.6
2025	11.5	58.5	30.0
2040	10.8	53.9	35.3
2065	10.2	51.4	38.4

（推計）（2020/21年版「日本国勢図会」）

資料2　部門別社会保障給付費の国民所得に占める割合（％）

	1990年	1995年	2000年	2010年	2017年
医療	5.3	6.5	6.9	9.3	9.8
年金	6.9	9.1	10.5	14.4	13.6
福祉その他	1.4	1.9	2.9	5.4	6.4
合計	13.6	17.5	20.3	29.1	29.8

（2020年版「日本の統計」ほか）

(1) 資料1を見ると，2015年は，65歳以上の高齢者1人に対し，社会の中心的な働き手（現役世代）である15～64歳の人口は約2.3人です。2065年には約何人になると予測されていますか。小数第2位を四捨五入して，小数第1位まで求めて書きなさい。

[約　　　　　人]

(2) 資料1では，0～14歳の割合が減り，65歳以上の割合が増えていくことがわかります。このような変化を何といいますか。解答欄にあてはまる漢字4字を答えなさい。

[　　　　　化]

(3) 資料1のような人口の動きの背景としてあてはまらないものを次のア～エから1つ選び，記号で答えなさい。

ア　平均寿命の延び　　　　　イ　医療技術の発達
ウ　合計特殊出生率の低下　　エ　働く女性の減少　　　[　　　]

(4) 資料1と資料2のような年齢別人口割合の変化や社会保障給付費の変化によって，今後，どのような問題が深刻になると考えられますか。「現役世代」，「社会保障費」の2つの語句を使って書きなさい。

[　　　　　　　　　　　　　　　　　　　　　　　　　　　　　　]

3　文化やきまりについて，次の問いに答えましょう。　　【各10点　計30点】

(1) 5月に行われる年中行事を次のア～エから1つ選び，記号で答えなさい。

ア　七五三　　イ　お盆（盂蘭盆会）　　ウ　端午の節句　　エ　ひな祭り

[　　　]

(2) ある学校では，今まで野球部と陸上部がグラウンドを交代で使っていましたが，新しくサッカー部ができるのに伴い，グラウンドを使うきまりをつくり直すことにしました。これについて，次の問いに答えなさい。

① 話し合いではいくつかの意見が出ました。採決をとるとき，多くの人の意見を反映し，短時間で決めるのに適した方法は次のア，イのどちらですか。

ア　全会一致（全員一致）　　イ　多数決　　　[　　　]

② よりよい合意に導くために重要な効率の考え方に基づく観点を，次のア～ウから1つ選び，記号で答えなさい。

ア　各部の部員全員または代表者が話し合いに参加しているか。
イ　毎日グラウンドをいずれかの部が無駄なく使っているか。
ウ　新しくできたサッカー部が，グラウンドを使用する機会が極端に少なくないか。

[　　　]

04 人権思想の歴史 人権思想はいつごろから発達したの？

　世界では，17世紀ごろから人権思想が発達し，18世紀の**アメリカ独立宣言**や**フランス人権宣言**では<u>自由権・平等権</u>が保障されました。また，20世紀に入ると，<u>社会権</u>が主張されるようになりました。

● 議会政治の基礎の確立（17世紀後半，イギリス）

1688年，**名誉革命**が起こる

国王の専制政治を許すな！

翌年，**権利章典**発布
（権利の章典）

国民の自由・権利と議会の権限を明らかにしたんだ。

権利章典

17〜18世紀には，さまざまな思想家が人権思想を主張した。

ロック（イギリス）　統治二論

モンテスキュー（フランス）　法の精神

ルソー（フランス）　社会契約論

● 自由権・平等権の保障（18世紀後半，アメリカ・フランス）

1775年，**アメリカ独立戦争**起こる

イギリスの圧政を許さない！

翌年，**アメリカ独立宣言**発表

基本的人権と国民主権を主張しているよ。

独立宣言

1789年，**フランス革命**起こる

自由を！

みんな平等だ！

フランス人権宣言発表

第1条　人は生まれながらに，自由で平等な権利をもつ。社会的な区別は，ただ公共の利益に関係のある場合にしか設けられてはならない。

● 社会権の確立（20世紀初め，ドイツ）

このころ資本主義経済が発達し，貧富の差が拡大していた。

資本家

労働者

1919年，**ワイマール憲法**制定

誰にも人間らしい生活を営む権利があるはずだ。

憲法に社会権の保障をもりこもう。

第二次世界大戦後は，国連で，**世界人権宣言**など，さまざまな人権保障のきまりが採択されているよ。

基本練習

→ 答えは別冊2ページ

1 ▢ にあてはまる語句を書きましょう。

(1) 17世紀ごろから人権思想が発達し，1689年には，イギリスで

▢ が発布されました。

(2) 1776年に ▢ で独立宣言，1789年に ▢

で人権宣言が発表され，▢ 権や平等権が保障されるようになり

ました。

(3) 1919年，▢ でワイマール憲法が制定され，世界で初めて，

人間らしい生活を営む権利が認められました。

(4) 第二次世界大戦後は，1948年に国連で ▢ 宣言が採択さ

れるなど，人権が国際的にも保障されるようになりました。

2 （ ） のうち，正しいほうを選びましょう。

(1) 17世紀，イギリスの思想家（ モンテスキュー・ロック ）は『統治二論』

を発表し，抵抗権を唱えました。

(2) 18世紀，フランスの思想家（ ルソー・モンテスキュー ）は『社会契

約論』を発表し，人民主権を唱えました。

(3) （ 平等権・社会権 ）は誰もが人間らしい生活を営むことができる権利で，

20世紀初めにドイツで初めて確立されました。

ミス注意 18世紀の市民革命で保障されるようになったのは自由権と平等権，20世紀に保障されるように
なったのは社会権。

05 日本国憲法の考え方 日本国憲法の原理は？

　日本国憲法は，**1946年11月3日に公布**され，翌**1947年5月3日に施行**されました。**国民主権**，**基本的人権の尊重**，**平和主義**の3つが基本原理になっています。

●日本国憲法の3つの基本原理

国民主権

国の政治のあり方を最終的に決める権利は国民にある。

日本国憲法前文
　日本国民は，正当に選挙された国会における代表者を通じて行動し，(中略)…ここに**主権が国民に存すること**を宣言し，この憲法を確定する。　（部分）

基本的人権の尊重

一人ひとりをかけがえのない存在として扱う「**個人の尊重**」の考え方に基づく。

日本国憲法第11条
…この憲法が国民に保障する基本的人権は，**侵すことのできない永久の権利**として，現在及び将来の国民に与へられる。
　　　　　　（部分）

平和主義

戦争を放棄し，世界の恒久平和のために努力する。

日本国憲法第9条
…国権の発動たる**戦争**と，武力による威嚇又は武力の行使は，国際紛争を解決する手段としては，永久にこれを**放棄**する。
　　　　　　（部分）

●天皇の地位

大日本帝国憲法では…

天皇に主権

　天皇は神聖な存在で，統治権をもつ元首。内閣は天皇の政治を助ける機関。

➡

日本国憲法では…

天皇は日本国や日本国民統合の象徴

　天皇は内閣の助言と承認に基づいて**国事行為**を行う。

天皇の国事行為は，内閣総理大臣の任命，条約の公布など形式的・儀礼的な行為だよ。

●憲法の改正

　日本国憲法の改正には，右のような手続きが必要です。**憲法改正の発議**とは，国会が国民に対して憲法の改正案を示すことです。

憲法改正原案

国会	国民	天皇
各議院の総議員の3分の2以上の賛成で発議する。	**国民投票**で過半数の賛成があれば承認される。	天皇が，国民の名で公布する。
発議	承認	公布

基本練習

→ 答えは別冊3ページ

1 ◯にあてはまる語句を書きましょう。

(1) 国の政治のあり方を最終的に決める権利を ◯◯◯ といい，日本国憲法ではその権利が ◯◯◯ にあります。

(2) 日本国憲法の3つの基本原理の1つに，誰もが生まれながらにもっている ◯◯◯ 人権の尊重があります。

(3) 日本国憲法第9条では，3つの基本原理のうちの ◯◯◯ が明確に定められています。

(4) 日本国憲法では，天皇は，日本国や日本国民統合の ◯◯◯ と定められていて，内閣の助言と承認に基づき，◯◯◯ を行います。

(5) 憲法改正の発議後，◯◯◯ で過半数の賛成があれば，憲法の改正が承認されます。

2 （　）のうち，正しいほうを選びましょう。

(1) 日本国憲法は，1946年11月3日に（ 公布・施行 ）され，1947年5月3日に（ 公布・施行 ）されました。

(2) 大日本帝国憲法では，主権が（ 内閣・天皇 ）にありました。

(3) 憲法改正原案は国会に提出され，国会では各議院の総議員の3分の（ 1・2 ）以上の賛成で発議されます。

😐 日本国憲法の3つの基本原理の内容をしっかり押さえておこう。

06 基本的人権にはどんな特徴があるの？

日本国憲法は，**基本的人権**として自由権や社会権などを保障しています。これは**個人の尊重**の考え方に基づいていて，**法の下の平等（平等権）**とも深く結びついています。成長途中の子どもについても，国連で**子ども（児童）の権利条約**が採択されました。

［子どもの権利］

生きる権利
病気の治療

守られる権利
虐待から守る

育つ権利
教育を受ける

参加する権利
グループ活動

●基本的人権にも制限がある

公共の福祉に反する場合，個人の権利は制限されることがあります。公共の福祉とは，社会全体の利益という意味です。

日本国憲法では，公共の福祉について右のように定めているよ。

（例）道幅が狭すぎて渋滞の多い道路

道を広げるので移転してください。

自分の土地だから，住む権利がある！

個人の財産でも，正当な補償のもと，公共のために用いられることもある。

コレを
補償

第12条　この憲法が国民に保障する自由及び権利は，…（中略）…国民は，これを濫用してはならないのであつて，常に**公共の福祉のため**にこれを利用する責任を負ふ。

●国民には義務もある

子どもに普通教育を
受けさせる義務

勤労の義務
（能力に応じて働く義務）

納税の義務
（税金を納める義務）

税務署

基本練習

→ 答えは別冊3ページ

1 ┃ にあてはまる語句を書きましょう。

(1) 日本国憲法は，┃　　　　　　┃ として，自由権や社会権などを保

障しています。

(2) 基本的人権の保障は，┃　　　　　　┃ の考え方に基づいていて，

法の下の平等（┃　　　┃権）とも深く結びついています。

(3) すべての子どもが一人の人間として尊重されながら成長する権利を保障す

るために，┃　　　　　　┃ 条約があります。

(4) 日本国憲法で保障している基本的人権でも，┃　　　┃ の福祉に反す

る場合は制限されることがあります。

(5) 日本国民の３つの義務として，子どもに ┃　　　　　┃ を受けさせ

る義務，┃　　　┃ の義務，勤労の義務があります。

2 （　　　） のうち，正しいほうを選びましょう。

(1) 日本国憲法第12条には「この憲法が国民に保障する自由及び権利は，

……国民は，これを（ 濫用・主張 ）してはならないのであつて，常に公

共の福祉のためにこれを利用する（ 自由・責任 ）を負ふ。」とあります。

(2) （ 選挙で投票すること・能力に応じて働くこと ）は国民の義務です。

☺ 基本的人権は「公共の福祉」によって制限される場合があることを押さえよう。

07 平等権

平等権の保障のためにどんなことが行われているの？

平等権は，誰もが平等な扱いを受ける権利です。日本国憲法は，すべての人が**法の下に平等**であるとしています。しかし，日本には差別が残っており，部落差別やアイヌ民族への差別の撤廃，男女平等の社会を目指してさまざまな法律が定められています。

> 日本国憲法第14条①
> 　すべて国民は，**法の下に平等**であつて，人種，信条，性別，社会的身分又は門地により，政治的，経済的又は社会的関係において，差別されない。

＊信条とは宗教上の信仰や政治上の信念などをいう。
＊門地とは家がら，生まれの意味。

●男女平等を目指して定められている法律

男女雇用機会均等法

企業に対し，採用や昇進，賃金などに関する男女の差別を禁じている。

男女共同参画社会基本法

育児

介護

政治活動

男女の区別なく，その能力をいかし，いろいろな活動に参加できる社会を目指す。

●障がいのある人との共生

障がいのある人が生活の中で不自由がないように，施設や公共交通機関で**バリアフリー化**（生活のさまたげとなるものを取り除くこと）が進められています。障がいのある人の社会参画などを目的とする，**障害者基本法**などの法律も制定されました。

バリアフリーの例

点字ブロック
（ピクスタ）

↑目の不自由な人を誘導する。

スロープ
（ピクスタ）

↑足の弱い人や車いすでも利用しやすい。

ノンステップバス
（ピクスタ）

↑段差が少なく，車いすでも乗り降りしやすい。

基本練習

→ 答えは別冊3ページ

1 ◻ にあてはまる語句を書きましょう。

(1) 誰もが差別を受けることなく，平等な扱いを受ける権利を ◻

権といいます。

(2) 日本国憲法第14条では，「すべて国民は，◻ の下に平等」であ

ることを明記しています。

(3) ◻ 法は，企業に対し，採用や昇進，賃金な

どに関する男女の差別を禁じています。

(4) 男女の区別なく，その能力をいかし，いろいろな活動に参加できる社会を

目指して ◻ 基本法が定められています。

(5) 障がいのある人の社会参画などを目的に定められた

◻ 法をもとに，生活のさまたげとなるものを取り除く

◻ 化が進められています。

2 （　　）のうち，正しいほうを選びましょう。

(1) 日本では，北海道などを居住地としてきた先住民族の（　アイヌ・漢 ）

民族への差別や，部落差別をなくすための取り組みが進められています。

(2) 目の不自由な人を安全に誘導できるように，道路には（　点字ブロック・

ガードレール　）が整備されています。

:) 「法の下の平等」という言葉はよく問われるので覚えておこう。

08 _{自由権} 自由権にはどういう権利があるの？

　基本的人権のうち，自由に考え行動することのできる権利が**自由権**です。自由権は，**身体の自由**，**精神（活動）の自由**，**経済活動の自由**に大きく分けることができます。

●身体の自由　正当な理由なく身体を拘束されない自由

奴隷的拘束および
苦役からの自由

苦役とは肉体的・精神的な
苦痛を受ける労働のことをいう。

逮捕・拘禁などに対する保障

現行犯を除き，裁判官の令状がなければ逮捕されないよ。

●精神の自由　心の中の自由や，それを表現する自由

思想・良心の自由	信教の自由	集会・結社・表現の自由，通信の秘密	学問の自由

どんな宗教を信仰しても
よく，またどの宗教も信
仰しなくてもよい。

学問や研究は自由に
行うことができる。

●経済活動の自由　経済的に安定した生活を送るために保障された権利

居住・移転・職業選択の自由

財産権の保障（不可侵）

ただし，経済活動の自由は公共の福祉（→18ページ）によって制限されやすいよ。

基本練習

→ 答えは別冊3ページ

1 [　　]にあてはまる語句を書きましょう。

(1) 自由に考え行動することのできる権利を，[　　]権といいます。

(2) 自由権は，身体の自由，[　　]の自由，経済活動の自由に大きく分けることができます。

(3) 経済活動の自由には，居住・移転の自由や，自分の[　　]を自由に選ぶことのできる自由などがあります。

(4) 経済活動の自由として，土地などの[　　]を所有する権利が保障されています。

2 （　　）のうち，正しいほうを選びましょう。

(1) （ 身体・精神 ）の自由には，思想・良心の自由や学問の自由などがあります。

(2) 裁判官の令状なしに逮捕されることは，（ 身体・経済活動 ）の自由の侵害にあたります。

(3) 誰でも自由に本を著して出版できることは（ 表現・信教 ）の自由にあたります。

(4) ほかの2つの自由に比べて，公共の福祉による制限を受けやすいのは，（ 精神・経済活動 ）の自由です。

自由権には3つの種類があり，それぞれどのような自由が含まれるのかを押さえておこう。

09 社会権 社会権ってどういう権利？

　社会権は，人間らしい豊かな生活を送る権利のことです。その中心になる権利が生存権で，ほかに**教育を受ける権利**や**勤労の権利**，**労働基本権（労働三権）**があります。

●生存権　健康で文化的な最低限度の生活を営む権利

日本国憲法第25条
　①すべて国民は，**健康で文化的な最低限度の生活を営む権利**を有する。
　②国は，すべての生活部面について，社会福祉，社会保障及び公衆衛生の向上及び増進に努めなければならない。

貧困
病気
失業

人間らしい生活を送りたい。
自分の力ではどうしようもないんだ。
わかりました。**社会保障制度**を充実させましょう。

生存権の保障のため，国は**生活保護法**などを定め，社会保障制度を整えている。

●教育を受ける権利

能力に応じて等しく教育を受ける権利。

自分の力を高めたいんだ。

教育を受ける権利の保障の一環として，義務教育は無償になっている。

●勤労の権利

すべての国民は，勤労の権利をもち，義務を負っている。

働いて安定した生活を送りたい。

勤労の権利の保障のため，公共職業安定所（ハローワーク）などで職業のあっせんが行われている。

●労働基本権（労働三権）

労働者に認められている権利。

団結権
労働組合を作る権利

団体交渉権
使用者と交渉する権利

団体行動権（争議権）
ストライキなどを行う権利

労働者の権利を保障するために，労働三法（→62ページ）が定められているよ。

基本練習

→ 答えは別冊4ページ

1 ［　　　　］にあてはまる語句を書きましょう。

(1) 人間らしい豊かな生活を送る権利を［　　　　　　］権といいます。

(2) 日本国憲法第25条では，「すべて国民は，健康で［　　　　］的な最低限度の生活を営む権利を有する。」と定めています。

(3) 社会権の1つとして，国民は能力に応じて等しく［　　　　　　］を受ける権利が認められています。

(4) すべての国民は，社会権の1つである［　　　　　　］の権利をもち，同時に義務を負っています。

(5) 労働者に認められている団結権，団体交渉権，団体行動権（争議権）をまとめて［　　　　　　　　　　］といいます。

2 （　　　）のうち，正しいほうを選びましょう。

(1) 社会権のうち，その中心となっているのが，日本国憲法第25条で定められている（　勤労の権利・生存権　）です。

(2) 労働基本権のうち，労働者が労働組合をつくる権利を（　団結権・団体交渉権　），要求を実現しようとストライキなどを行う権利を（　団体交渉権・団体行動権　）といいます。

:-) ﾐｽ注意 働くことは国民の権利であり，義務でもあることを押さえておこう。

10 参政権と請求権，新しい人権
人権を保障する権利や新しい人権って？

人権を確かに保障するために，憲法は**参政権**や**請求権**を保障しています。憲法には明記されていないものの，社会の変化に伴い**新しい人権**も主張されるようになりました。

●人権を確かに保障するための権利

国民が政治に参加する権利。請願権は，国や地方公共団体に直接要望を申し出ることができる権利。

国の行為で人権が侵害された場合に要求できる権利。

●新しい人権

暮らしやすい環境を求める権利。

国や地方公共団体に情報の公開を求める権利。

個人の情報をみだりに公開されない権利。

このほかにも，自分の生き方などを自由に決める**自己決定権**も主張されている。

基本練習

→ 答えは別冊4ページ

1 ☐ にあてはまる語句や数字を書きましょう。

(1) ☐ 権は，国民が政治に参加する権利です。

(2) 満 ☐ 歳以上のすべての国民は，国会や地方議会の議員の選挙

で投票する権利をもちます。

(3) 国や地方公共団体に対して，国民が直接要望を申し出ることができる権利

を ☐ 権といいます。

(4) 人権が侵害された場合に，国に対して要求できる権利を ☐ 権

といい，☐ を受ける権利などがあります。

(5) 暮らしやすい環境を求める権利を，☐ 権といいます。

(6) 自分の生き方や生活のしかたなどを自由に決める権利を，

☐ 権といい，新しい人権の1つです。

2 ( ) のうち，正しいほうを選びましょう。

(1) 国会議員や都道府県知事の選挙に立候補する権利を（ 選挙権・

被選挙権 ） といいます。

(2) （ プライバシーの権利・知る権利 ） は，個人の情報をみだりに公開さ

れない権利です。

😊 4つの新しい人権と，その具体的な内容をしっかり押さえておこう。

1 日本国憲法の基本原理や基本的人権について，次の問いに答えましょう。

【(3)は16点，ほかは各8点　計40点】

(1) 次の文は日本国憲法前文の一部で，日本国憲法の3つの基本原理の1つが示されています。この基本原理を書きなさい。　〔　　　　　　　〕

> 日本国民は，正当に選挙された国会における代表者を通じて行動し，…(中略)…ここに主権が国民に存することを宣言し，この憲法を確定する。…

(2) 基本的人権のうちの自由権は，身体の自由，精神の自由，経済活動の自由の3つに分けることができます。次の①・②は，このうちのどの自由にあてはまるか，書きなさい。
① 誰でも自分の職業を自由に選ぶことができる。　〔　　　　　　　〕
② 誰でも，現行犯を除き，裁判官の令状がなければ逮捕されない。
〔　　　　　　　〕

(3) 近年，町の施設や公共交通機関では，バリアフリー化が進んでいます。右の写真の設備は，バリアフリー化の例の1つですが，どんな役割を果たしていますか。簡単に書きなさい。

〔

（ピクスタ）

2 社会権について，次の日本国憲法の条文を読んで，あとの問いに答えましょう。

【各8点　計24点】

> 第25条　①すべて国民は，健康で文化的な最低限度の生活を営む権利を有する。
> ②国は，すべての生活部面について，社会福祉，社会保障及び公衆衛生の向上及び増進に努めなければならない。

(1) この条文で示されている①の権利は社会権の中心となる権利です。この権利を何といいますか。　〔　　　　　　　〕

(2) この条文で示されている権利は，20世紀の初めにドイツで制定された憲法によって明記されました。この憲法は何と呼ばれますか。　〔　　　　　〕

(3) 次のア～エのうち，社会権にあてはまるものを1つ選び，記号で答えなさい。

　　ア　知る権利　　イ　選挙権　　ウ　勤労の権利　　エ　裁判を受ける権利

〔　　　　　〕

3

人権を保障する権利や新しい人権について，次の文を読んで，あとの問いに答えましょう。

【各9点　計36点】

① Aさんは，自分の財産をもとにビルを建てようとしたが，周辺の住民の家の日当たりが悪くなるので，ビルの高さが制限されることになった。

② Bさんは，Cさんの私生活をモデルにして小説を書いて発表したが，Cさんが自分の権利が侵害されているとして訴えた。このため裁判で争われることになり，裁判ではCさんの主張が認められた。

③ D市では，市内の中学生が中心となり，路上での喫煙を禁止する条例の制定を市議会に求めた。

(1) ①の下線部は，周辺の住民の権利を尊重した結果です。この権利は，日本国憲法では示されていませんが，社会の変化に伴って主張されるようになった新しい人権の1つです。この権利を何といいますか。　〔　　　　　〕

(2) ②の下線部の裁判で，BさんとCさんは互いに自分の権利を主張しました。それぞれ，どのような権利を主張しましたか。次のア～エから1つ選び，記号で答えなさい。

　　ア　Bさん—知る権利　　　　Cさん—労働基本権

　　イ　Bさん—表現の自由　　　Cさん—プライバシーの権利

　　ウ　Bさん—財産権　　　　　Cさん—思想・良心の自由

　　エ　Bさん—法の下の平等　　Cさん—身体の自由　　〔　　　　　〕

(3) ①・②の文のように，個人のもつ権利は　□□□□　に反する場合は制限されることがあります。　□□□□　にあてはまる語句を，次のア～エから1つ選び，記号で答えなさい。

　　ア　個人の自由　　イ　国家の利益

　　ウ　公共の福祉　　エ　個人の福祉　　〔　　　　　〕

(4) ③の文で述べられている権利を，次のア～エから1つ選び，記号で答えなさい。

　　ア　国家賠償請求権　　　イ　国民審査権

　　ウ　国民投票権　　　　　エ　請願権　　〔　　　　　〕

11 選挙の原則と選挙制度
選挙はどういうしくみで行われているの？

　現代の民主政治は，主に，国民が代表者（議員）を選挙で選び，議会を通じて行われます。これを**間接民主制**（**議会制民主主義**，**代議制**）といいます。選挙は，主権者である国民の重要な政治参加の方法です。

●現在の選挙の原則

普通選挙
一定年齢以上のすべての人が選挙権をもつ。

昔は財産によって選挙権が制限されていたよ。

秘密選挙
無記名で投票する。

自分の名前は書かなくていいの？

平等選挙
1人が1票をもつ。

当選してほしいから10票投票するぞ。

直接選挙
直接，候補者に投票する。

○○候補に1票。

●主な選挙制度

　小選挙区制，**大選挙区制**（1選挙区から2名以上を選出），**比例代表制**などがあります。

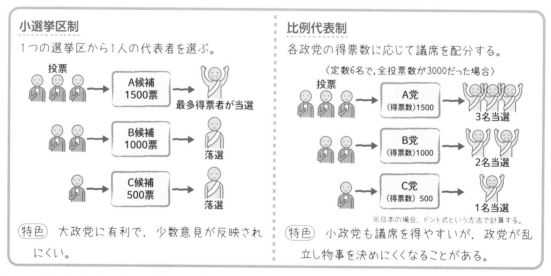

小選挙区制
1つの選挙区から1人の代表者を選ぶ。

投票
A候補 1500票 → 最多得票者が当選
B候補 1000票 → 落選
C候補 500票 → 落選

（特色）大政党に有利で，少数意見が反映されにくい。

比例代表制
各政党の得票数に応じて議席を配分する。

〈定数6名で，全投票数が3000だった場合〉
投票
A党（得票数）1500 → 3名当選
B党（得票数）1000 → 2名当選
C党（得票数）500 → 1名当選

※日本の場合，ドント式という方法で計算する。

（特色）小政党も議席を得やすいが，政党が乱立し物事を決めにくくなることがある。

衆議院議員と参議院議員の選挙のしくみ

・**衆議院議員**…小選挙区制と比例代表制を組み合わせた**小選挙区比例代表並立制**。

・**参議院議員**…都道府県（一部合区）を選挙区とする**選挙区制**と，全国を1つの単位とする**比例代表制**。

基本練習

→ 答えは別冊4ページ

1 ☐ にあてはまる語句を書きましょう。

(1) 現代の民主政治は，主に，国民が代表者を ☐ で選び，議会を通じて行われます。これを ☐ 制，または ☐ 主義といいます。

(2) 現在，日本の選挙の4つの原則には，普通選挙，秘密選挙，平等選挙のほかに ☐ 選挙があります。

(3) ☐ 制は，1つの選挙区から1人の代表者を選ぶ選挙制度です。

(4) ☐ 制は，各政党の得票数に応じて議席を配分する選挙制度です。

2 （　）のうち，正しいほうを選びましょう。

(1) 小政党でも議席を得やすいものの，政党が乱立し議会で物事を決めにくくなることがあるのは（　小選挙区制・比例代表制　）です。

(2) 大政党に有利で，少数意見が反映されにくいのは（　小選挙区制・比例代表制　）です。

(3) 小選挙区制と比例代表制を組み合わせた小選挙区比例代表並立制がとられているのは（　衆議院議員・参議院議員　）の選挙です。

小選挙区制と比例代表制のしくみの違いをしっかり理解しておく。

12 政党のはたらき
政党はどういう役割をしているの？

　政治について同じ考えをもつ人々が，その考えや政策を実現するためにつくる団体を**政党**といいます。国の政治は政党を中心に運営されていて，これを**政党政治**といいます。

●政党の活動

国民の声を政治に反映させよう。

国民の支持を集めよう。

選挙では候補者を立て，目指すことを**公約**として示す。

わが党の公約は豊かな国をつくることです。

具体的な**政権公約（マニフェスト）**もつくりました。政権をとったら，失業者を○％減らします。

●政党中心に内閣を組織

　議会で第一党となった政党だけで内閣をつくる場合（**単独政権**）と，複数の政党が協力して内閣をつくる場合（**連立政権**）があります。

近年，日本では連立政権が続いているよ。

単独政権（単独内閣）

内閣総理大臣

A党

内閣

連立政権（連立内閣）

協力し合おう。

B党　　C党

内閣

●与党と野党

　政党のうち，議会で多くの議席を占め，内閣を組織し，政権を担当する政党を**与党**といい，それ以外の政党を**野党**といいます。野党は，政府や与党の政策を批判したり，与党の行動を監視したりします。

与党	
A党	B党※

内閣を組織し，政権を担当

政策を実現させよう。

※連立政権の場合

野党		
C党	D党	E党

政府・与党を監視・批判

政府の政策には反対だ！

3章　民主政治と政治参加

1 ▢ にあてはまる語句を書きましょう。

(1) 政治について同じ考えをもつ人々が，その考えや政策を実現するためにつくっている団体を ▢ といいます。

(2) 国の政治は(1)の団体を中心に運営されていて，これを ▢ といいます。

(3) (1)の団体は選挙のときに候補者を立て，目指すことを ▢ として示します。

(4) 基本的な政策に合意した複数の政党が協力してつくる政権を ▢ 政権（内閣）といいます。

(5) 政党のうち，議会で多くの議席を占め，政権を担当する政党を ▢ 党といいます。

(6) (5)以外の政党を ▢ 党といいます。

2 （　）のうち，正しいほうを選びましょう。

(1) 近年，日本では（　単独政権・連立政権　）が続いています。

(2) 政府の政策や行動を監視したり批判したりするのは（　与党・野党　）の役割です。

 与党と野党のそれぞれの役割をしっかり押さえておく。

13 国会の地位やしくみはどうなっているの？

国会の地位と種類

国の政治の中心機関は**国会**で，衆議院と参議院からなっています。また，国会の種類として，**常会**，**臨時会**，**特別会**があります。

●国会の地位

日本国憲法第41条
国会は，**国権の最高機関**であつて，国の**唯一の立法機関**である。

国権の最高機関
国の最高の意思決定機関。

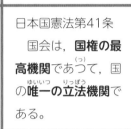

主権をもつ国民の代表者で構成される機関だからだよ。

唯一の立法機関
国会だけが法律を制定する権限をもっている。

●衆議院と参議院の二院制

国会は**衆議院**と**参議院**からなる**二院制**（両院制）がとられています。衆議院の行き過ぎを参議院が抑制できる，審議を慎重に行うことができるなどの利点があり，国民の意思を政治により反映できるようになっています。

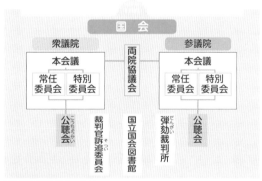

国会運営のしくみ

●主な国会の種類

常会（通常国会）	臨時会（臨時国会）	特別会（特別国会）
毎年1月中に召集され，会期は150日間。	内閣が必要と認めた場合，または，いずれかの議院の総議員の4分の1以上の要求があった場合に召集。	衆議院の解散後の総選挙の日から30日以内に召集。

次年度の**予算**を審議し議決するよ。

臨時会を召集しよう。

内閣

特別会では，まず**内閣総理大臣の指名**が行われるよ。

基本練習

→ 答えは別冊5ページ

1 [ ] にあてはまる語句を書きましょう。

(1) 国民の代表者からなる国会は，日本国憲法で「[ ] の最高機関」

と定められています。

(2) 国会は，[ ] を制定できる唯一の機関です。

(3) 国会は [ ] 院と [ ] 院から成り立

つ二院制（両院制）です。

2 ( ) のうち，正しいほうを選びましょう。

(1) 衆議院の解散による総選挙後30日以内に召集される国会を，

(臨時会(臨時国会)・特別会(特別国会)) といいます。

(2) 常会（通常国会）は，毎年1回，(1月・4月) 中に召集されます。

(3) 国会のうち，会期が150日間と定められているのは，

(特別会(特別国会)・常会(通常国会)) です。

(4) 特別会（特別国会）では，まず，(内閣総理大臣の指名・

次年度の予算の審議) が行われます。

(5) 内閣が必要と認めた場合，または，いずれかの議院の総議員の4分の1以

上の要求があった場合に召集される国会を，(臨時会(臨時国会)・

特別会(特別国会)) といいます。

ミス注意 臨時会と特別会は混同しやすいので違（ちが）いをしっかり理解しておく。

14 国会はどんな仕事をしているの？

　国会には法律の制定以外にもさまざまな仕事があります。また，両議院には国の政治について調べる**国政調査権**があり，衆議院には**内閣不信任決議権**があります。

●国会の主な仕事

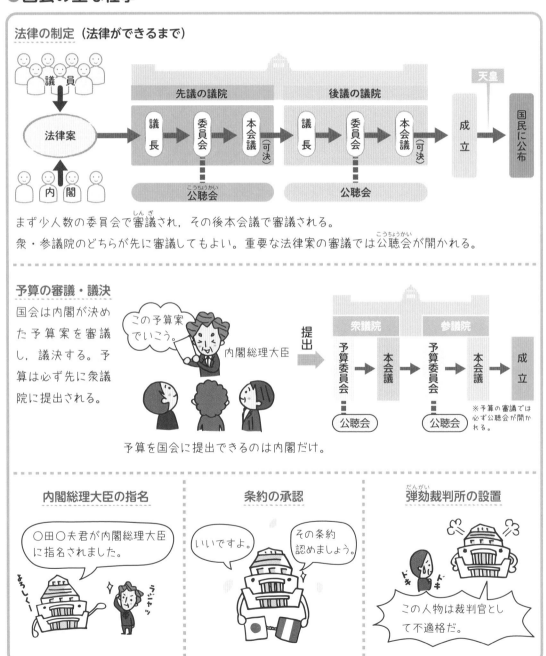

法律の制定（法律ができるまで）

まず少人数の委員会で審議され，その後本会議で審議される。

衆・参議院のどちらが先に審議してもよい。重要な法律案の審議では公聴会が開かれる。

予算の審議・議決

国会は内閣が決めた予算案を審議し，議決する。予算は必ず先に衆議院に提出される。

この予算案でいこう。

内閣総理大臣

提出

予算を国会に提出できるのは内閣だけ。

※予算の審議では必ず公聴会が開かれる。

内閣総理大臣の指名

〇田〇夫君が内閣総理大臣に指名されました。

よろしく～

ラジャッ

条約の承認

いいですよ。

その条約認めましょう。

弾劾裁判所の設置

この人物は裁判官として不適格だ。

ドキドキ

基本練習

→ 答えは別冊5ページ

1 | | にあてはまる語句を書きましょう。

(1) 国会に提出された法律案は，まず少人数の | | で審議されたのち，議員全員で構成される | | で審議・議決されます。

(2) 国会の議決により成立した法律は，内閣の助言と承認に基づいて | | が公布します。

(3) 予算の審議では，関係する人や専門家の意見を聞く | | が必ず開かれます。

(4) 国会は，行政全体を指揮・監督する | | を国会議員の中から指名します。

(5) 国会には，証人を呼ぶなどして国の政治がどのように行われているかを調べる | | 権があります。

(6) 国会は，ふさわしくない行動などがあった裁判官を辞めさせるかどうかを判断する | | 裁判所を設置することができます。

2 （　　　）のうち，正しいほうを選びましょう。

(1) 予算は，（　内閣・国会議員　）が国会に提出し，国会で審議されます。

(2) 予算は，必ず（　参議院・衆議院　）が先に審議することになっています。

(3) 条約の承認は（　内閣・国会　）の仕事の１つです。

😊 🈴 法律ができるまでの流れ，予算の審議・議決の流れはしっかり頭に入れておくこと。

15

衆議院と参議院はどう違う？

　衆議院と参議院は，議員の任期や解散のある・なしなどが異なります。また，国会でのいくつかの議決については，衆議院のほうに強い権限が与えられているほか，衆議院だけの権限もあります。これを**衆議院の優越**といいます。

●しくみの違い

　とくに大きな違いとして，衆議院議員のほうが**任期が短いこと**，また参議院には**解散がない**ことが挙げられます。被選挙権にも違いがあります。

	衆議院	参議院
議員定数	**465人**	**※248人**
任期	**4年**（解散のときは任期中でも資格を失う）	**6年**（3年ごとに半数が改選される）
被選挙権	**満25歳以上**	**満30歳以上**
解散	**ある**	**ない**

※2022年の参議院議員選挙まで245人。

●衆議院の優越 （衆議院の議決が重くみられるもの，衆議院だけの権限）

　衆議院は参議院より**任期が短く解散もある**ため，国民の意思をより的確に反映すると考えられています。

法律案の議決では

参議院が衆議院と異なった議決をした場合，

（または一定期間内に議決しない場合）

衆議院が出席議員の3分の2以上の多数で再び可決すると

衆議院で再可決。

法律になる

大臣の指名では　予算の議決・条約の承認・内閣総理

参議院が衆議院と異なる議決をした場合，

または，一定期間内に参議院が議決しない場合，

両院協議会を開いても意見が一致しないと…

衆議院の議決が国会の議決になる

右のように衆議院だけに認められている権限もあるよ。

内閣不信任決議権

不信任！

予算の先議権

お先に審議するよ。

衆議院　　参議院

基本練習

→ 答えは別冊5ページ

1 [　　　] にあてはまる語句や数字を書きましょう。

(1) 衆議院には参議院より強い権限が与えられていて，衆議院だけに認められ

ている権限もあります。これを衆議院の [　　　] といいます。

(2) 衆議院議員の任期は [　　　] 年，参議院議員の任期は [　　　]

年です。

(3) 選挙に立候補できる被選挙権の年齢は，衆議院議員は満 [　　　] 歳

以上で，参議院議員は満 [　　　] 歳以上です。

(4) 衆議院と参議院のうち，解散があるのは [　　　] 院です。

(5) 予算の議決や条約の承認で，参議院が衆議院と異なる議決をした場合，

[　　　] 会を開くことになっています。

2 (　　　) のうち，正しいほうを選びましょう。

(1) 法律案の議決において，衆議院では可決され，参議院では否決された場合，

衆議院で出席議員の （　2分の1・3分の2　） 以上の賛成で再び可決すれ

ば法律となります。

(2) 国会では，衆議院だけが （　内閣不信任の決議・条約の承認　） を行うこ

とができます。

😊✐ 衆議院議員と参議院議員の任期や被選挙権の年齢の違いをしっかり覚えておくこと。

16 議院内閣制 国会と内閣はどういう関係なの？

日本では，国会と内閣は密接に結びついていて，内閣は国会の信任の上に成り立ち，国会に対して連帯して責任を負っています。このしくみを**議院内閣制**といいます。

●議院内閣制のしくみ

内閣は国会から生まれます。

内閣総理大臣は，国会で国会議員の中から指名され，文民（軍人でない）でなければならない。

指名された内閣総理大臣は…

さあ，内閣をつくろう。

国務大臣を任命し内閣を組織

きみが〇〇大臣になってくれ。

（国務大臣は文民で，過半数は国会議員でなければならない。）

●内閣は国会の信任の上に成り立つ

内閣の行う仕事が信頼できない場合，衆議院は**内閣不信任の決議**を行うことができます。可決された場合，内閣は**総辞職**するか，**衆議院を解散**するかを選択しなければなりません。こうすることで内閣と国会は互いの権力を抑制し合っています。

内閣不信任の決議が可決されると…

内閣は総辞職をするか，

はい　はい

全員辞めよう。

10日以内に衆議院を解散して総選挙を行わなければならない。

選挙を行って国民の意思を問おう。

国会と内閣の関係を図で表すと，右のようになるよ。

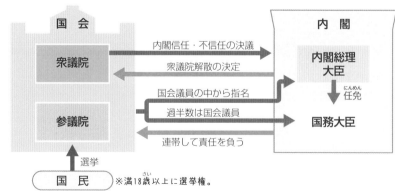

国　会
衆議院
参議院
内　閣
内閣総理大臣
任免
国務大臣
内閣信任・不信任の決議
衆議院解散の決定
国会議員の中から指名
過半数は国会議員
連帯して責任を負う
選挙
国　民　※満18歳以上に選挙権。

基本練習

→ 答えは別冊5ページ

1 　　　　にあてはまる語句を書きましょう。

(1) 内閣が国会の信任の上に成り立ち，国会に対して連帯して責任を負うしくみを 　　　　　　 制といいます。

(2) 内閣総理大臣は，　　　　　　　　の中から国会での議決によって指名されます。

(3) 内閣総理大臣は，財務大臣や環境大臣などの 　　　　　　　　 を任命して内閣を組織します。

(4) 内閣不信任の決議が可決された場合は，内閣は 　　　　　　 をするか，10日以内に衆議院を 　　　　　 しなければなりません。後者の場合は，その後衆議院の 　　　　　　 が行われます。

2 （　　　）のうち，正しいほうを選びましょう。

(1) 内閣を構成する国務大臣は，（ 全員・過半数 ）が国会議員でなければなりません。

(2) 国務大臣は，（ 国会・内閣総理大臣 ）により任命されます。

(3) 内閣が行う仕事が信頼できない場合，（ 衆議院・参議院 ）は内閣不信任の決議を行うことができます。

 内閣不信任の決議が可決されたあとの内閣の動きをしっかり押さえておく。

17 内閣はどんな仕事をしているの？

内閣のしくみと仕事

　国会の決めた法律や予算に基づいて政治を行うことを**行政**といい，最高の行政機関が**内閣**です。内閣の主な仕事には，**予算の作成**，**条約の締結**，**政令の制定**などがあります。

●内閣のしくみ

　内閣は，**内閣総理大臣（首相）**と，内閣総理大臣が任命した**国務大臣**とで構成されます。内閣は**閣議**で仕事の方針を決め，総務省や財務省，外務省などさまざまな行政機関を指揮・監督します。

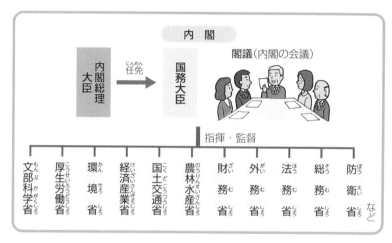

内閣

内閣総理大臣　任免　国務大臣

閣議（内閣の会議）

指揮・監督

文部科学省　厚生労働省　環境省　経済産業省　国土交通省　農林水産省　財務省　外務省　法務省　総務省　防衛省　など

●内閣の主な仕事

法律の執行
法律に従って政治を進める。

法律案も作成することがある

予算の作成・提出
政府の1年間の収入と支出の見積もりである予算をつくり，国会に提出する。

条約の締結
外国と交渉し，条約を結ぶ。

条約を承認するのは国会の仕事

政令の制定
憲法や法律の規定を実施するために定める。

政令

天皇の国事行為に対し，助言と承認を与える。

助言
承認

最高裁判所長官を指名し，その他の裁判官を任命する。

日本では，行政の仕事が無駄なく効率的に行えるように**行政改革**が進められているよ！

基本練習

➡ 答えは別冊6ページ

1 □ にあてはまる語句を書きましょう。

(1) 国会の決めた法律や予算に基づいて政治を行うことを □ とい

い，最高の行政機関は □ です。

(2) 内閣は，国会により指名された内閣総理大臣（首相）と，その他の

□ とで構成されます。

(3) 内閣の重要な仕事の1つに，行政機関を通じて，□ に従い政

治を進めることがあります。

(4) 内閣の重要な仕事の1つに，国の1年間の収入と支出の見積もりである

□ を作成することがあります。

(5) 内閣は外国と交渉をして，□ を結びます。

(6) 内閣は，天皇の国事行為に対して □ と承認を与えます。

(7) 内閣が憲法や法律の規定を実施するために定めるきまりを □

といいます。

2 （ ） のうち，正しいほうを選びましょう。

(1) 内閣は （ 公聴会（こうちょうかい）・閣議 ） を開いて仕事の方針を決めます。

(2) 内閣は最高裁判所長官を （ 指名・任命 ） し，その他の裁判官を

（ 指名・任命 ） します。

😊 ミス注意 **1** (7) 地方公共団体が定める条例と混同しないようにする。

18 裁判所にはどんな種類やしくみがあるの？

国家が法に基づいて争いごとや事件を解決することを**司法（裁判）**といい，司法権をもつ**裁判所**は，**最高裁判所**と**下級裁判所**に分かれます。また裁判は，公正・慎重を期すために，**三審制**というしくみがとられています。

●裁判所の種類

最高裁判所は全国に1か所（東京都）のみ置かれ，最終的な判断を下す裁判所です。**下級裁判所**には右のような種類があります。

種類	行う裁判	数
高等裁判所	最上位の下級裁判所 主に第二審を扱う	全国8か所
地方裁判所	主に第一審を扱う	全国50か所
家庭裁判所	家事事件や少年事件を扱う	
簡易裁判所	軽い事件をすみやかに処理	全国438か所

●三審制のしくみと目的

（しくみ）判決に不服の場合，上級の裁判所に**控訴・上告**して，1つの内容につき3回まで裁判を受けられる。

有罪！
無実なのに…。
上級の裁判所に控訴するぞ！
地方裁判所

（目的）裁判を公正・慎重に行い，裁判のあやまりを防いで人権を守る。

有罪！　無罪！
えー　よかった。
高等裁判所　最高裁判所

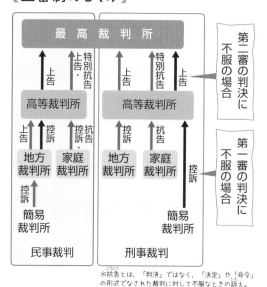

【三審制のしくみ】

第二審の判決に不服の場合
第一審の判決に不服の場合

※抗告とは，「判決」ではなく，「決定」や「命令」の形式でなされた裁判に対して不服なときの訴え。

●司法権の独立

裁判を公正に行うためには裁判所や裁判官は，他の権力から圧力や干渉を受けないことが必要です。これを**司法権の独立**といいます。

日本国憲法第76条③
すべて裁判官は，その良心に従ひ独立してその職権を行ひ，この憲法及び法律にのみ拘束される。

基本練習

答えは別冊6ページ

1 ◻ にあてはまる語句を書きましょう。

(1) 国家が法に基づいて争いごとや事件を解決することを

◻ といいます。

(2) 全国に１か所置かれ，最終的な判断を下す裁判所を ◻ 裁判所

といいます。

(3) 下級裁判所には，◻ 裁判所，地方裁判所，家庭裁判所，簡易

裁判所の４種類があります。

(4) 裁判所の判決に不服な場合，上級の裁判所に訴（うった）えて３回まで裁判を受けら

れる制度を ◻ といいます。

(5) すべての裁判官は，その ◻ に従い，独立して裁判を行い，憲

法と法律にのみ拘束されることが定められています。これを

◻ の独立といいます。

2 （　　）のうち，正しいほうを選びましょう。

(1) 主に第二審を扱うのは（　地方・高等　）裁判所です。

(2) 第一審の裁判所の判決に不服がある場合に，次の上位の裁判所に訴えるこ

とを（　上告・控訴　）といい，第二審の裁判所の判決に不服がある場合

に，さらに上位の裁判所に訴えることを（　上告・控訴　）といいます。

 三審制のしくみと目的をしっかり頭に入れておく。

19 民事裁判と刑事裁判はどう違うの？

裁判のうち，個人や企業間の争いに関する裁判を**民事裁判**といい，盗みなどの犯罪に関する裁判を**刑事裁判**といいます。刑事裁判では**裁判員制度**が導入されています。

●民事裁判の流れ

民事裁判は，争いの当事者が相手を裁判所に**訴える**ことで始まります。訴えた人を**原告**，訴えられた人を**被告**といいます。

●刑事裁判の流れ

刑事裁判は，警察官が逮捕した**被疑者**（罪を犯したと疑われる人）を，**検察官**が裁判所に**起訴**することで始まります。起訴された被疑者を**被告人**といいます。

●裁判員制度

刑事裁判で，国民（満18歳以上）からくじと面接で選ばれた人（**裁判員**）が裁判官とともに審理に参加する制度を，**裁判員制度**といいます。**司法制度改革**の1つとして2009年から導入されました。

裁判員が参加する刑事裁判の法廷の様子

基本練習

→ 答えは別冊6ページ

1 にあてはまる語句を書きましょう。

(1) 個人や企業間の権利などに関する争いを裁く裁判を _____ 裁判といいます。

(2) 盗みなどの犯罪と定められている事件に関する裁判を _____ 裁判といいます。

(3) 市民からくじと面接で選ばれた人が裁判官とともに刑事裁判の審理に参加する制度を _____ 制度といい，_____ 改革の１つとして2009年から導入されています。

2 (　　　) のうち，正しいほうを選びましょう。

(1) 民事裁判の場合，裁判所に訴えた人を（ 被告・原告 ）といい，訴えられた人を（ 被告・原告 ）といいます。

(2) 刑事裁判で，罪を犯したと疑われる被疑者を裁判所に起訴する人は（ 警察官・検察官 ）です。

(3) 刑事裁判で，起訴された被疑者を（ 被告・被告人 ）といいます。

(4) 裁判で，当事者どうしの話し合いによって和解が成立することがあるのは（ 民事裁判・刑事裁判 ）です。

ミス注意 民事裁判で訴えた人・訴えられた人，刑事裁判で起訴する人・起訴された人の呼び名を混同しないようにする。

20 三権分立ってどういうしくみ？

三権分立

三権分立（権力分立）とは，国家権力を**立法権**・**行政権**・**司法権**の３つの権力に分け，互いに抑制させることによって権力の濫用を防ぎ，国民の人権を守るしくみです。

●日本の三権分立のしくみ

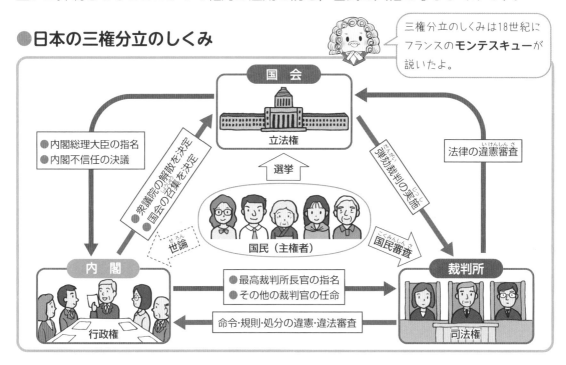

三権分立のしくみは18世紀にフランスの**モンテスキュー**が説いたよ。

●違憲審査（違憲審査制）

国会が定めた法律や，内閣による命令や規則などが憲法に違反していないかを審査することを**違憲審査**（違憲審査制）といいます。この権限（**違憲審査権**）は裁判所がもち，中でも最高裁判所はその最終的な決定権をもっているので，「**憲法の番人**」と呼ばれています。

●国民の三権に対する監視のはたらき

＊国民審査とは，衆議院議員総選挙のとき，最高裁判所の裁判官が適格かどうか投票で審査すること。

048

基本練習

答えは別冊6ページ

1 にあてはまる語句を書きましょう。

(1) 国家権力を３つの権力に分け，互いに抑制させることで権力の濫用を防ぐ

しくみを [   ] といいます。

(2) 国会には，ふさわしくない行動などがあった裁判官を辞めさせるかどうか

の裁判を行う権限があります。この裁判を [   ] 裁判といいます。

(3) 立法権の行政権に対する抑制のはたらきに，[   ] の

指名があります。

(4) 裁判所は国会が定めた法律や，内閣による命令や規則などが憲法に違反し

ていないかを審査します。これを [   ] といいます。

(5) [   ] とは，衆議院議員総選挙のときに，最高裁判所の裁判

官が適格かどうかを投票で審査することです。

2 （   ）のうち，正しいほうを選びましょう。

(1) 国の権力のうち，立法権は（ 内閣・国会 ），行政権は（ 内閣・国会 ），

司法権は裁判所に属します。

(2) 行政権の立法権に対する抑制のはたらきに，（ 衆議院の解散・

内閣不信任の決議 ）があります。

☺ 立法・行政・司法の三権の互いの抑制のはたらきを，図でしっかり理解しておくこと。

21

地方自治のしくみは国の政治とどう違うの？

地域の住民が，その地域の実情に合わせて自らの意思と責任で政治を行うことを**地方自治**といいます。地方自治では，住民が直接政治に参加してその意思を表明できるように，**直接請求権**などの直接民主制のしくみが取り入れられています。

●地方公共団体（地方自治体）のしくみ

地方自治は，都道府県や市（区）町村などの**地方公共団体**を単位として行われます。

	首　長	補助機関	行政委員会・委員	議決機関
都道府県	**知事**　（被選挙権は満**30**歳以上）	副知事	教育委員会 選挙管理委員会	都道府県議会（議員の被選挙権は満25歳以上）
市（区）町村	**市（区）町村長**　（被選挙権は満**25**歳以上）	副市（区）町村長	監査委員 など	市（区）町村議会（議員の被選挙権は満25歳以上）

●住民の直接請求権の種類

直接請求権は，住民が一定数以上の署名を集めて行う請求のことです。

種類	内　容	必要な署名数	請求先
条例の制定・改廃の請求	**条例**とは地方議会が憲法や法律の範囲内で制定する独自のきまり。 新しい条例をつくってほしい。	有権者の**50分の1**以上	首長
監査請求	不当な支出がないか監査してほしい。		監査委員
解職請求（リコール）　首長，議員	辞めさせたい。	有権者の**3分の1**以上※	選挙管理委員会
解職請求（リコール）　主要な職員			首長
議会の解散請求	議会の解散を求める！		選挙管理委員会

首長，議員の解職請求や議会の解散請求では，請求後に住民投票が実施され，有効投票の過半数の同意で解職・解散となる。

※有権者数が40万人を超える場合は規定が異なる。

1 ［　　　　］にあてはまる語句や数字を書きましょう。

(1) 地域の住民が，その地域の実情に合わせて自らの意思と責任で政治を行う

ことを ［　　　　　　　］ といいます。

(2) 都道府県の首長を ［　　　　　］ といいます。

(3) 地方議会議員の被選挙権は満 ［　　　　　］ 歳以上です。

(4) 地方議会が憲法や法律の範囲内で独自に制定し，その地域にのみ適用され

るきまりを ［　　　　　］ といいます。

2 （　　　）のうち，正しいほうを選びましょう。

(1) 都道府県の首長の被選挙権は満（　25・30　）歳以上，市(区)町村の首

長の被選挙権は満（　25・30　）歳以上です。

(2) 直接請求権のうち，解職請求と議会の解散請求は，有権者の

（　3分の1・50分の1　）以上の署名が必要です。

(3) 条例の制定・改廃の請求や監査請求には，有権者の（　3分の1・

50分の1　）以上の署名が必要です。

(4) 条例の制定・改廃の請求の請求先は，（　首長・選挙管理委員会　）です。

(5) 議会の解散請求の請求先は，（　首長・選挙管理委員会　）です。

直接請求権のうち，身分を奪うことになる解職請求，議会の解散請求にはより多くの署名が必要。

22 地方財政はどんな問題をかかえているの?

地方公共団体が営む経済活動が**地方財政**です。地方公共団体の財政収入の基本は**地方税**ですが，多くの地方公共団体ではそれだけでまかなうことができず国からの補助に頼っていて，自由に使えるお金がとぼしいことが問題になっています。

●地方公共団体の主な収入

自主的な財源	国からの補助		借金
地方税 住民税などの住民が納める税。	**地方交付税交付金** 地方財政の収入格差をおさえるために国が支出するお金。	**国庫支出金** 国が使い道を限定して支出するお金。	**地方債** 公債を発行して資金を集める。

●自主財源だけでは足りない

地方では，自主財源である地方税収入の割合が低く，依存財源の**地方交付税交付金**（地方交付税）や**国庫支出金**などが高い割合を占めています。

【地方財政歳入の内訳】

	地方税	地方交付税	国庫支出金	地方債	その他
全国	40.4%	17.0	11.9	10.8	その他
秋田県	18.9%	32.8	12.9	12.4	

（2017年度普通会計，決算額）（2020年版「県勢」）

秋田県のように地方交付税に大きく頼っている県もあるよ。

●地方分権

もっと住民の希望に合った行政を進めてほしい。

もっと自由に使える自主財源があればいいんだが。

地方公共団体が，地域の実情に合った政治ができるように，国に集中している仕事や財源を地方公共団体に移す努力が進められています。これを**地方分権**といいます。

1 ［　　　　］にあてはまる語句を書きましょう。

(1) 国から地方公共団体に支出されるお金のうち，国が使い道を限定して支出

するお金を ［　　　　　　　　　］ といいます。

(2) 地方財政の収入格差をおさえるために，国が地方公共団体に支出するお金

を ［　　　　　　　　　　　　　　　　］ といいます。

(3) 地方財政の収入のうち，地方公共団体の借金にあたるのは

［　　　　　　　］ です。

2 （　　　　）のうち，正しいほうを選びましょう。

(1) 地方公共団体の財政収入のうち，自主財源で多くを占めているのは

（　住民税・所得税　）などの地方税です。

(2) 地方財政の問題点として，歳入に占める自主財源の割合が（　高い・

低い　）ことがあります。

(3) 秋田県の歳入は，全国に比べて地方税の割合が（　高く・低く　），地方

交付税交付金や国庫支出金の割合が（　高く・低く　）なっています。

(4) 地方公共団体が地域の実情に合った政治ができるように，国に集中してい

る仕事や財源を地方公共団体に移す（　地方分権・中央集権　）が進められ

ています。

😊 国から地方公共団体に支出される地方交付税交付金と国庫支出金の違いをしっかり理解してお
く。

1 国会と内閣について，次の問いに答えましょう。 【各8点 計32点】

(1) 右の図は，国会で予算が成立するまでを表した
ものです。これを見て，次の問いに答えなさい。

① 図のAは，すべての議員で構成される会議で
す。この会議を何といいますか。

〔　　　　　　　　　〕

② 図のBは，専門家などから意見を聞くために
開かれる会です。これを何といいますか。

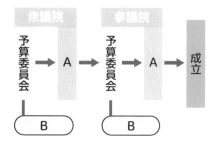

〔　　　　　　　　　〕

(2) 国会について正しく述べている文を，次のア～エから1つ選び，記号で答えなさい。

ア 毎年1月中に特別会が召集され，次年度の予算の議決が行われる。

イ 衆議院・参議院議員とも任期は4年である。

ウ 衆議院議員の選挙は，すべて小選挙区制で行われている。

エ 参議院は解散がなく，議員の被選挙権は満30歳以上である。

〔　　　　　　　　　〕

(3) 内閣について述べた文として<u>あやまっているもの</u>を，次のア～エから1つ選び，記
号で答えなさい。

ア 内閣総理大臣は，国会議員の中から国会によって指名される。

イ 国務大臣はすべて国会議員でなければならない。

ウ 内閣不信任の決議が可決された場合，内閣は総辞職をするか，10日以内に衆議
院を解散するかしなければならない。

エ 内閣の仕事の1つに，天皇の国事行為に対し助言と承認を与えることがある。

〔　　　　　　　　　〕

2 裁判所について，次の問いに答えましょう。 【(1)は14点，ほかは各6点 計32点】

(1) 日本の裁判では，判決に不服の場合，上級の裁判所に控訴・上告して，3回まで裁
判を受けることができる三審制というしくみがとられています。三審制をとる目的を
簡単に答えなさい。

〔　　　　　　　　　　　　　　　　　　　　　　　　　　　　　　　〕

(2) 右の図は，刑事裁判の法廷の様子です。こ
の裁判では，国民の中からくじと面接で選ば
れた人々も審理に参加しています。この裁判
制度を何といいますか。

[　　　　　　　　　　　　　　]

(3) 右の図中のAは被疑者を裁判所に起訴した
人で，Bは起訴された人です。それぞれ何と
いいますか。

A [　　　　　　　　　　] B [　　　　　　　　　　]

3 右の図は，立法権・行政権・司法権が互いに抑制し合うしくみを示しています。こ
れを見て，次の問いに答えましょう。 【各6点 計24点】

(1) このようなしくみを何といいますか。

[　　　　　　　　　　　　　　]

(2) 次の①～③のはたらきにあてはまる矢印を図中のア
～カから1つずつ選び，記号で答えなさい。

① 法律の違憲審査 [　　　　]
② 衆議院の解散 [　　　　]
③ 弾劾裁判 [　　　　]

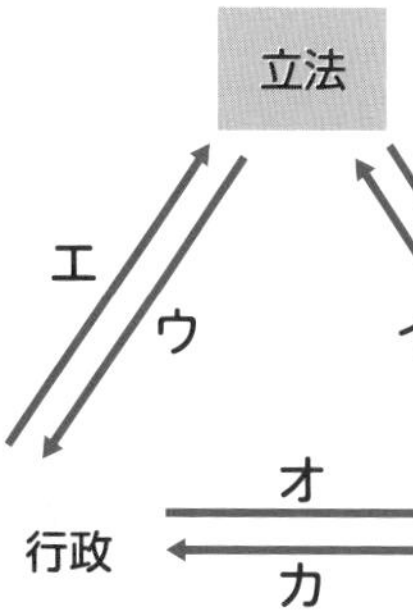

4 地方自治について，次の問いに答えましょう。 【各6点 計12点】

(1) 地方議会が憲法や法律の範囲内で独自に制定し，その地域だけに適用されるきまり
を何といいますか。

[　　　　　　　　　　　　　　]

(2) 地方自治では，住民に直接請求権が認められています。このうち，議会の解散請求
を行う場合に必要な署名数や請求先について正しく述べている文を，次のア～エから
1つ選び，記号で答えなさい（ただし，人口40万人以下の都市の場合とする）。

ア 有権者の50分の1以上の署名を集め，首長に請求する。
イ 有権者の3分の1以上の署名を集め，選挙管理委員会に請求する。
ウ 有権者の50分の1以上の署名を集め，監査委員に請求する。
エ 有権者の3分の1以上の署名を集め，首長に請求する。

[　　　　　　　　　　]

23 家計のはたらき 家計はどんなはたらきをしているの？

　形のある商品を**財**，形のない商品を**サービス**といいます。収入を得て，財やサービスを購入し，生活を営む家庭の経済活動を**家計**といいます。家計は，**収入**と**支出**で成り立っています。財やサービスには限りがあるため，商品には**希少性**が生まれます。

●家計のいろいろな収入

給与収入（給与所得）	事業収入（事業所得）	財産収入（財産所得）
会社や役所などで働き，賃金を得る。	農業や商店などを営む。	預金の利子　アパートの家賃収入　など

●家計のいろいろな支出

消費支出

米　食料費

交通費・通信費

教養娯楽費など

非消費支出

税金や社会保険料など

残りは**貯蓄**

> 例えば，子どもが多い家庭では教育費が多くなるように，消費支出は，家族構成や年齢によって中身が変わってくるんだ。

●希少性と商品の選択

人の欲求に対して財やサービスの量が不足した状態を**希少性**があるという。

> 浮輪100万円、ダイヤモンド1万円どっちにする？

沈没しそうな船の上では，ダイヤモンドより浮輪の希少性が高い。希少性は求める量と実際の量との関係で決まる。

【商品の選択】

収入と支出のバランス　　必要な商品の選択

収入　支出

限られた収入や時間の中で，必要な商品を選択しなければならない。

基本練習

→ 答えは別冊7ページ

1 ☐ にあてはまる語句を書きましょう。

(1) 私たちが暮らしの中でお金を払って購入するもののうち，形があるものを

☐ ，形がないものを ☐ といいます。

(2) 家計の収入には，給与収入や事業収入のほか，預金の利子やアパートの家

賃収入などの ☐ 収入があります。

(3) 家計の支出のうち，食料費や交通・通信費，教養娯楽費など日々の生活で

消費するための支出を ☐ 支出といいます。

2 （ ）のうち，正しいほうを選びましょう。

(1) 家計のいろいろな収入のうち，農業や商店を営んで得られる収入を

（ 財産・事業 ）収入といいます。

(2) 収入から消費支出や税金，社会保険料などを引いた残りは

（ 貯蓄・娯楽費 ）です。

(3) 求める量に対して，財やサービスの量が不足した状態を，

（ 希少性・普遍性 ）があるといいます。

(4) 沈没しそうな船の上では，ダイヤモンドよりも浮輪のほうが，希少性が

（ 低い・高い ）といえます。

😊🀄 家計の支出のうち，消費支出と非消費支出に含まれるものを，それぞれ押さえておこう。

24 消費者の権利を守るためのきまりって？

　売る人と買う人の間で結ばれる約束を**契約**といいます。消費者の権利を守るため，1968年に制定された消費者保護基本法は，2004年に**消費者基本法**に改正されました。また，消費者問題の仕事は**消費者庁**が中心になって行っています。

●消費者を守る法律・制度

【製造物責任法（PL法）】
　欠陥商品によって被害を受けた場合，企業の過失を証明できなくても企業に損害賠償を求めることができる。

【クーリング・オフ制度】
　訪問販売などで商品を買ったあと，一定期間内であれば無条件で契約を解除できる。

●消費者が気をつけること

悪質商法

　言葉たくみに消費者に商品を売りつける悪質商法があとを絶ちません。最近はインターネットを利用した通信販売のトラブルも増えています。

買い物の支払いにも注意

　現金をもっていなくても支払いができる**クレジットカード**は，代金があとで銀行口座から引き落とされる（支払われる）ので，つい買い物をしすぎてしまうことがあります。

基本練習

→ 答えは別冊7ページ

1 次の問いに答えましょう。

(1) 消費者の権利の保護や消費者の自立を支援するための仕事を中心になって行っている庁はどこですか。

〔　　　　　　　　　　　　　〕

(2) 1968年に定められた消費者保護基本法は，2004年に消費者の権利を明確に規定した何という法律に改正されましたか。

〔　　　　　　　　　　　　　〕

(3) 消費者が欠陥商品によって被害を受けた場合，企業の過失を証明できなくても，製造者の企業に被害の救済を義務づけている法律を何といいますか。

〔　　　　　　　　　　　　　〕

(4) 訪問販売などで商品を買ったあと，一定期間内であれば無条件で契約を解除できる制度を何といいますか。

〔　　　　　　　　　　　　　〕

2 （　　　　）のうち，正しいほうを選びましょう。

(1) 言葉たくみに消費者に商品を売りつける悪質商法には，「あなただけが当選しました」などと言って呼び出し，商品を売りつける（　アポイントメントセールス・キャッチセールス　）などがあります。

(2) クレジットカードの支払いは（　先払い・あと払い　）なので，買い物をしすぎてしまうという問題点があります。

製造物責任法（PL法）とクーリング・オフ制度の内容を理解しておこう。

25 株式会社のしくみ
株式会社はどういうしくみの会社？

　企業は**公企業**と**私企業**に分かれ，私企業は**利潤（利益）**を追求することを目的にして生産します。私企業の代表的なものが**株式会社**で，**株式**を発行して資金を集めています。

●企業の種類

公企業
公共の目的のため活動。
水道局，市営バスなど。

市営バス

私企業
利潤を追求する。ものを
生産する企業，サービス
を提供する企業など。

コンビニエンスストア

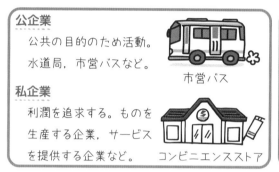

大企業と中小企業
製造業における中小企業と大企業の割合（2017年）

299人以下の事業所(中小企業)　　300人以上の事業所(大企業)

事業所数 357754	99.0%	1.0
従業者数 803万人	67.9%	32.1
製造品出荷額 321兆9395億円	47.5%	52.5

※2018年6月1日現在

(2020/21年版「日本国勢図会」)

●株式会社のしくみ

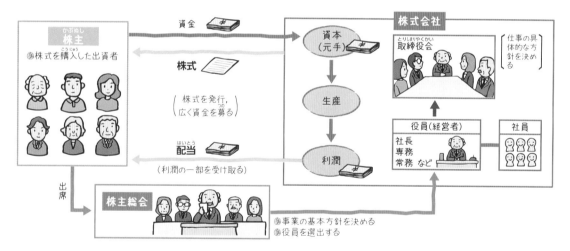

資金

株主
⑦株式を購入した出資者

株式
（株式を発行，広く資金を募る）

配当
（利潤の一部を受け取る）

出席

株主総会
⑦事業の基本方針を決める
⑦役員を選出する

株式会社

資本（元手）

生産

利潤

取締役会
（仕事の具体的な方針を決める）

役員(経営者)　社員
社長
専務
常務　など

●生産のしくみ

　企業は，資本（元手）で**生産手段**や**労働力**をそろえ，商品を生産しています。得た**利潤**の一部を資本に加えることで，生産の規模が拡大されます。

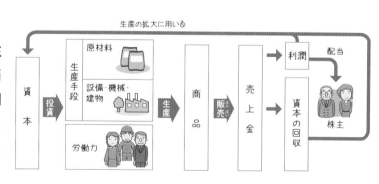

生産の拡大に用いる

資本　投資　生産手段（原材料／設備・機械・建物／労働力）　生産　商品　販売　売上金　利潤　配当　資本の回収　株主

1 ◯◯◯ にあてはまる語句を書きましょう。

(1) 企業は，公共の目的のため活動する ◯◯◯◯ 企業と，利潤を得ることを目的とする ◯◯◯◯ 企業に分かれます。

(2) 日本の企業の事業所数のうち，約99％が ◯◯◯◯ 企業です。

(3) 私企業の代表的なものが株式会社で， ◯◯◯◯ を発行して資金を集めます。

(4) 企業は，資本で原材料や設備・機械， ◯◯◯◯ 力などをそろえ，商品を生産します。

2 （　　　） のうち，正しいほうを選びましょう。

(1) 水道局は （　公企業・私企業　） です。

(2) 株式会社では，出資者による （　取締役会・株主総会　） で事業の基本的な方針が決められます。

(3) 株式会社の仕事の具体的な方針は （　取締役会・監査役　） によって決められます。

(4) 株式会社の株主は，会社の利潤の一部を （　給与・配当　） として受け取る権利があります。

株式会社はどのような方法で資金を集めているかを理解しておこう。株主と会社の関係も重要。

26 働く人の権利
安心して働くための法律には何があるの？

　勤労の権利は，日本国憲法で保障されている権利です。労働者の権利を保障するために，**労働三法**などの法律が定められています。また近年は，仕事と個人の生活を両立させる**ワーク・ライフ・バランス**の実現が求められるなど，働く環境は多様化しています。

●労働者の権利を守るための法律（労働三法）

【労働基準法】
労働条件の最低基準を定めている。

労働時間は1日8時間以内。

【労働組合法】
労働者が**労働組合**を結成することなどを保障している。

われわれには団結権がある。

みんなで待遇改善を要求しよう。

【労働関係調整法】
労働争議の解決法などについて定めている。

互いに歩み寄ってストライキは避けよう。

●多様化する労働環境

【終身雇用の崩れ】
定年まで同じ企業で働く制度が見直されている。

早期退職だなんて…。

【非正規労働者が増加】

雇用形態別労働者の割合の変化

	パート・アルバイト	契約社員ほか 3.6
1996年（4843万人）	正社員78.4%	18.0
2006年（5092万人）	67.1	22.1　8.3 （2.5）
2019年（5660万人）	61.7	26.8　9.0

派遣社員 2.5
（総務省資料）

やとわれた会社
派遣労働者

身分が不安定だな。

派遣

実際に働く会社

正社員と比べて，非正規労働者は雇用が不安定で賃金が安い。

【ワーク・ライフ・バランスの実現】

仕事　　　個人の生活

【外国人労働者の受け入れ】

ブラジルから来ました。　カナダから来ました。　インドから来ました。

【テレワークの広がり】

在宅勤務　　在宅勤務

オフィス

基本練習

→ 答えは別冊8ページ

1 次の問いに答えましょう。

(1) 賃金や労働時間など労働条件の最低基準を定めている法律を何といいますか。〔　　　　　　　　〕

(2) 労働者が団結して労働組合をつくり、使用者（やとい主、経営者）と対等に話し合う権利を保障するための法律を何といいますか。〔　　　　　　　　〕

(3) 労働者と使用者の間に生じた問題を解決するために定められている法律を何といいますか。〔　　　　　　　　〕

2 ┌──┐ にあてはまる語句を書きましょう。

(1) 日本国憲法で社会権の1つとして保障されている ┌──────┐ の権利を守るために、労働基準法や労働組合法などの法律が定められています。

(2) 労働者は ┌──────┐ を結成して、使用者と労働条件を交渉(こうしょう)する権利が法律で認められています。

(3) 近年、終身雇用が崩れ、┌──────┐ 労働者が増えるなど、雇用の形態が変化しています。

(4) 近年、仕事と個人の生活を両立させる ┌──────┐ の実現が求められています。

労働者の権利を守る労働三法を覚えておこう。とくに労働基準法はよく出題される。

27 商品の価格はどのように変化するの?

need要量と供給量の関係によって決まる商品の市場経済での価格を**市場価格**といい,需要量と供給量が一致する価格を**均衡価格**といいます。また,ものやサービスの生産や販売を１つの企業が独占すると,競争がなくなり,**独占価格**になります。

●価格の決まり方

市場にキャベツが少ない → 価格は高い → 消費者はキャベツを買いたくない

○○市場

今日はキャベツが少ないな。

今日はキャベツが少なかったから500円。

市場にキャベツが多い → 価格は安い → 消費者はキャベツを買いたい

○○市場

今日はキャベツがたくさんあるね!

今日はたくさん仕入れたからキャベツ１個100円だよ!

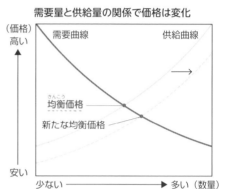

需要量と供給量の関係で価格は変化

(価格)高い / 安い

需要曲線　供給曲線

均衡価格

新たな均衡価格

少ない ──→ 多い（数量）

買いたい量（**需要量**）と売りたい量（**供給量**）が一致したときの価格を均衡価格という。

上の図のように,需要量が変わらないで供給量が増えると,価格は下がる。逆に供給量が変わらず,需要量が増えると価格は上がる。

●公共料金

生活へ影響する電気や交通機関などの**公共料金**は,国や地方公共団体が決定や認可を行います。

【主な公共料金】

電気　ガス　水道

電車　バス　タクシー

●独占価格

１つの企業による**独占**や少数の企業による**寡占**で決められる**独占価格・寡占価格**を防ぐために,**公正取引委員会**が監視しています。

みんなで一斉に値上げしましょう!

コラー!寡占価格はダメー!

え〜　高い〜

A社　B社　C社

10万円　10万円　10万円

商品

公正取引委員会

市場の競争をうながすために**独占禁止法**が制定されている。

基本練習

→ 答えは別冊8ページ

1 　にあてはまる語句を書きましょう。

(1)　商品を買いたい量を　　　　　　　量，商品を売りたい量を

　　　　　　　　量といい，それらの関係で決まる市場経済での価格を

　　　　　　　　といいます。

(2)　国民生活への影響が大きい電気，水道，ガスの料金や，電車やバス，タクシーなどの交通機関の料金を　　　　　　　　　といい，国や地方公共団体が決定や認可を行います。

(3)　１つの企業が，提供する商品の生産量や価格について，有利に決められる状態を　　　　　　　といい，少数の企業の場合を　　　　　　　といいます。

2 次の問いに答えましょう。

(1)　需要量が変わらずに，供給量が増えた場合，商品の価格は，上がりますか，下がりますか。〔　　　　　　　　　　〕

(2)　価格の変化を表したグラフで，需要曲線と供給曲線が交わる，需要量と供給量が一致した価格を何といいますか。〔　　　　　　　　　　〕

(3)　自由な競争をうながすため，独占禁止法を運用して，独占や寡占にならないよう監視している機関を何といいますか。〔　　　　　　　　　　〕

 市場では，需要量と供給量の関係で価格がどのように変化するかをしっかり理解しておこう。

28 銀行はどんな仕事をしているの？

お金の余っているところと不足しているところとの間で行われる資金の貸し借りを**金融**といい，その仲立ちをするのが銀行などの**金融機関**です。また，銀行の中でも，政府が出資している**日本銀行（日銀）**は一般の銀行とは異なるはたらきをしています。

●金融機関のしくみとはたらき

銀行は，預金者に払う利子よりも，貸し出すときの利子を高くして，その差額を利益にしている。

●日本銀行の役割

日本銀行はわが国の**中央銀行**で，一般の銀行と違って個人や企業とは取り引きをせず，政府（国）や一般の金融機関とだけ取り引きをしています。

【発券銀行】
紙幣（日本銀行券）を発行している。

【政府の銀行】
税金など政府のお金の出し入れを管理する。

【銀行の銀行】
一般の銀行に対し貸し出しや預金の受け入れを行う。

●日本銀行の金融政策

日本銀行は，景気を安定させるために**金融政策**を行います。**公開市場操作（オペレーション）**は，一般の銀行の資金量の増減によって景気の安定をはかります。

公開市場操作（オペレーション）

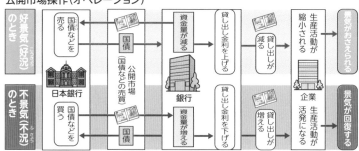

066

基本練習

→ 答えは別冊8ページ

1 ［　　　　　］にあてはまる語句を書きましょう。

(1) お金の余っているところと不足しているところとの間で行われる資金の貸し借りを ［　　　　　］といいます。

(2) 日本銀行は，日本の金融の中心となる ［　　　　　］銀行です。

(3) 日本銀行には，紙幣を発行する「［　　　　　］銀行」，国の資金の出し入れを行う「［　　　　　］の銀行」，一般の銀行に対して貸し出しや預金の受け入れを行う「［　　　　　］の銀行」の役割があります。

(4) 日本銀行は一般の銀行と違い，国（政府）や一般の金融機関とのみ取り引きをし，［　　　　　］や企業とは取り引きを行いません。

2 （　　　　）のうち，正しいほうを選びましょう。

(1) 銀行にお金を返済する場合，借りた金額（元金）に加えて，（　預金・利子(利息)　）を支払う必要があります。

(2) 日本銀行が一般の銀行との間で国債などの売買を行い，市場の資金量を調節することを（　公開市場操作・財政投融資　）といいます。

(3) 好景気（好況）のとき，日本銀行は一般の銀行に国債を売ることにより，銀行の資金量を（　減らそう・増やそう　）とします。

☺ 🧠 金融機関のしくみを押さえよう。また，中央銀行である日本銀行の３つの役割を理解しておこう。

復習テスト④

1

家計のはたらきと消費者の権利について，次の問いに答えましょう。【各6点 計24点】

(1) 私たちが購入する商品には，財とサービスがあります。右
の絵の美容院で髪をカットしてもらっている人が購入した商
品は，財ですか，サービスですか。　　　〔　　　　　　〕

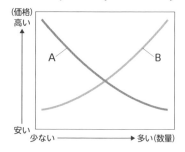

(2) 家計の支出では，消費支出が大きな割合を占めています。
次の**ア～オ**のうち，消費支出にあてはまらないものを2つ選
び，記号で答えなさい。

ア 社会保険料　　**イ** 教養娯楽費　　**ウ** 食料費
エ 住居費　　　　**オ** 銀行預金　　　〔　　　〕〔　　　〕

(3) クーリング・オフ制度について，正しく述べたものを，次の**ア～ウ**から1つ選び，
記号で答えなさい。

ア 欠陥商品による被害は，過失の有無に関係なく，企業に賠償を求めることができる。
イ 訪問販売などで買った商品は，一定期間内であれば無条件で契約を解除できる。
ウ クレジットカードを使えば，代金あと払いで商品を購入できる。　〔　　　　　〕

2

商品の価格について，次の問いに答えましょう。 【各6点 計18点】

(1) 次の①・②の場合の商品の価格の変化について，価格が上がると予想される場合は
ア，価格が下がると予想される場合は**イ**を答えなさい。

① 前日は市場に50個しかなかったキャベツの供給量が増え，今日は300個あった。
② 年末は飛行機のチケットの需要が増えるため，2か月前と比べると料金が異なっ
ていた。　　　　　　　　　　　　　　　①〔　　　　〕②〔　　　　〕

(2) 右の図は，需要量，供給量と価格の関係を表したもの
です。テレビなどでトマトのダイエット効果が紹介され
たと仮定した場合，トマトに関する**A・B**の曲線の動き
はどうなると予想されますか。次の**ア～ウ**から1つ選び，
記号で答えなさい。

ア 一般的に**A**の曲線は右側に移動する。
イ 一般的に**A**の曲線は左側に移動する。
ウ 一般的に**B**の曲線は左側に移動する。　　　　〔　　　　〕

3 企業や働く人の権利について，次の文を読んで，あとの問いに答えましょう。

【(4)は10点，ほかは各6点　計34点】

> 企業は，a公企業と私企業に分かれます。　　　　　　　を追求することを目的にしている私企業の代表的なものが株式会社です。近年，b企業などでの労働環境に変化がみられます。労働者の権利については，c労働三法などで守られています。

(1)　文中の　　　　　　にあてはまる，「もうけ」という意味の語句を漢字2字で答えなさい。
〔　　　　　　　　〕

(2)　下線部aの公企業にあてはまらないものを，次のア〜オから2つ選び，記号で答えなさい。

ア　都営バス　　イ　タクシー会社　　ウ　コンビニエンスストア
エ　公立病院　　オ　水道局　　〔　　　〕〔　　　〕

(3)　下線部bについて，近年，仕事と個人の生活を両立させることが求められるようになっています。これを何といいますか。〔　　　　　　　　〕

(4)　下線部cの1つである労働基準法は，どのような法律ですか。「労働条件」という語句を使って，簡潔に説明しましょう。

〔　　　　　　　　　　　　　　　　　　　　　　　　　　　　　　　〕

4 金融のはたらきと日本銀行について，次の問いに答えましょう。

【(3)は10点，ほかは各7点　計24点】

(1)　金融機関のしくみを表した右の図中の　　　　　にあてはまる語句を答えなさい。
〔　　　　　　　〕

借り手　企業・家計　←　貸付金（元金）　一般の金融機関　←　預金（元金）　企業・家計　貸し手
貸し出し　預金
元金+□　→　元金+□　→

(2)　日本銀行の役割にあてはまらないものを，次のア〜エから1つ選び，記号で答えなさい。

ア　紙幣を発行する。　　　　イ　政府の資金を管理する。
ウ　一般の企業に資金を貸し出す。　　エ　一般の銀行の預金を受け入れる。
〔　　　〕

(3)　日本銀行が行う金融政策である公開市場操作（オペレーション）とは，どのような政策ですか。「一般の銀行」「資金量」という語句を使って，簡単に説明しなさい。

〔　　　　　　　　　　　　　　　　　　　　　　　　　　　　　　　〕

29 税金にはどんな種類があるの？

財政収入と税金の種類

国や地方公共団体の収入の基本は**税金（租税）**です。税金は，納め方によって**直接税**と**間接税**に分かれ，納める先によって**国税**と**地方税**に分かれます。また，所得税や相続税などでは，所得の高い人ほど税金の割合が高くなっています（**累進課税**）。

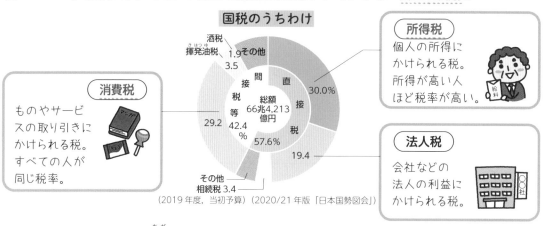

国税のうちわけ

所得税
個人の所得にかけられる税。所得が高い人ほど税率が高い。

消費税
ものやサービスの取り引きにかけられる税。すべての人が同じ税率。

法人税
会社などの法人の利益にかけられる税。

総額 66兆4,213億円

間接税等 42.4%

直接税 57.6%

30.0%
19.4
酒税揮発油税 3.5
1.9 その他
消費税 29.2
その他 相続税 3.4

(2019年度，当初予算)（2020/21年版「日本国勢図会」）

●直接税と間接税の違い

直接税 税金を納める人と負担する人が同じ税。

〈所得税の場合〉

税務署
今年の所得は〇〇円だから，納める税金は△△円になるな。
△△円を納めよう。
所得を得た人が税金を負担し，納める。

間接税 税金を納める人と負担する人が異なる税。

〈消費税の場合〉

消費税を含めて〇〇円いただきます。
消費税は私たち消費者が負担するのね。
消費税を納めるのは私たち事業者です。
税務署

●国税と地方税の違い

国に納める税を**国税**，都道府県など地方公共団体に納める税を**地方税**といい，それぞれ，直接税と間接税があります。地方税では，**住民税**が大きな割合を占めています。

●累進課税

課税対象になる所得

	195	330	695	900	1800	4000(万円)
税率5%	税率10%	税率20%	税率23%	税率33%	税率40%	税率45%

所得税の場合

(2020年，国税庁資料)

基 本 練 習

→ 答えは別冊9ページ

1 次の問いに答えましょう。

(1) 税金のうち，税金を納める人と負担する人が異なる税を何といいますか。

［　　　　　　　　］

(2) 国に納める税のうち，会社などの利益にかけられる税を何といいますか。

［　　　　　　　　］

(3) 国に納める税のうち，個人の所得にかけられる税を何といいますか。

［　　　　　　　　］

(4) 2019年度の国税の内訳で，大きな割合を占めるのは直接税と間接税のどちらですか。

［　　　　　　　　］

2 ☐☐☐☐ にあてはまる語句を書きましょう。

(1) 税金は，納める先によって，☐☐☐☐☐☐ 税と地方税に分かれます。

(2) 国税の間接税で最も大きな割合を占めているのは，さまざまなものやサービスの取り引きにかけられる税である ☐☐☐☐☐☐ 税です。

(3) 地方税では，個人が納める ☐☐☐☐☐☐ 税が大きな割合を占めています。

(4) 所得税や相続税で採用されている ☐☐☐☐☐☐☐ は，所得の高い人や財産の多い人ほど税率が高くなるしくみです。

 直接税と間接税のしくみの違いは重要。直接税の種類としては所得税と法人税を押さえておこう。

30 最近,財政はどんなことが問題になっているの?

少子高齢化が進んだ日本では,財政支出(歳出)に占める**社会保障関係費**の割合が高くなっており,税負担が重い「**大きな政府**」か,税負担を軽くする「**小さな政府**」かの選択を迫られています。また,税金だけでお金が足りず,**公債**に頼っていることも問題です。

●社会保障関係費が増大

歳出の割合の変化

	社会保障関係費	国債費	地方交付税交付金	文教および科学振興費	公共事業関係費	防衛関係費	その他
1990年	16.6%	20.7	23.0	10.0	7.8	6.1	
2000年	19.7%	24.0	16.7	13.3	7.7	5.5	
2020年	34.9%	22.7	15.2	6.7	5.4	5.2	

(2020/21年版「日本国勢図会」ほか)

社会保障関係費の割合が増えている

社会保障関係費…社会保険や社会福祉,公的扶助などに関する費用

社会保障給付費の推移

(国立社会保障・人口問題研究所資料)

●社会保障関係費はなぜ増えているの?

社会保障

生活保護

年金

健康保険

高齢社会になって,とくにお年寄りの生活を守るための費用が多くなっているんだ。

●「大きな政府」と「小さな政府」

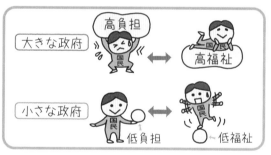

大きな政府　高負担 ⇔ 高福祉

小さな政府　低負担 ⇔ 低福祉

●増え続ける国債残高

日本の国債残高と公債金(国債)依存度の推移

＊2020年度は当初予算。

国債残高(兆円)

国の歳入に占める公債金の割合(%)

(2020/21年版「日本国勢図会」ほか)

公債は民間からの借金証書で,国が発行するのが国債,地方公共団体が発行するのが地方債

エーッ!

ス,スマン…

国債(借金)

国債を発行しすぎると,将来の世代に借金の返済を担わせることになる。

基本練習

→ 答えは別冊9ページ

1 ▢ にあてはまる語句を書きましょう。

(1) 2020年度の国の歳出で最も高い割合を占めるのは ▢ 関係費です。

(2) (1)の費用が多くなっているのは，少子 ▢ 化が進んでいるからです。

(3) 2020年度の国の歳出で2番目に高い割合を占めているのは ▢ 費です。

2 （ ） のうち，正しいほうを選びましょう。

(1) 社会保障関係費には，社会保険や社会福祉，（ 公共事業・公的扶助 ） などに関する費用が含まれます。

(2) 2016年度の社会保障給付費の内訳を見ると，（ 医療・年金 ） のための費用が最も大きくなっています。

(3) 少子高齢化が進んだ日本は，税負担を重くして，充実した社会保障を行う （ 大きな・小さな ） 政府か，税負担を軽くして，最小限の社会保障を行う （ 大きな・小さな ） 政府かの選択を迫られています。

(4) 2020年度の当初予算における，国の歳入に占める公債金の割合（国債依存度）は，約 （ 10・30 ） ％です。

😊 財政支出に占める社会保障関係費の割合が高いこと，公債金に頼っていることをおさえておこう。

31 好景気・不景気のとき国はどういう政策を行うの？

　経済は，経済活動が活発になる**好景気（好況）**と，逆に経済活動がにぶる**不景気（不況）**を交互に繰り返します。これを**景気変動（景気循環）**といいます。政府は，税の取り方や支出のあり方などを変えて景気変動を調節しています。これを**財政政策**といいます。

●景気変動（景気循環）

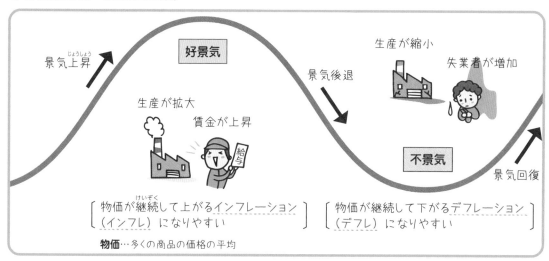

●政府の財政政策

財政政策と金融政策（→66ページ）を組み合わせて経済を安定させているんだね。

1 ☐にあてはまる語句を書きましょう。

(1) 経済は，経済活動が活発になる好景気（好況）と経済活動がにぶる不景気

(不況)を繰り返します。これを ☐ といいます。

(2) 政府が税の取り方や支出のあり方などを変えて景気の変動を調節する政策

を ☐ 政策といいます。

(3) 多くの商品の価格の平均を ☐ といいます。

(4) (3)が継続して上がる現象を ☐

といい，逆に継続して下がる現象を ☐

といいます。

2 （　）のうち，正しいほうを選びましょう。

(1) 好景気のとき，企業の生産規模は（　拡大・縮小　）し，労働者の賃金は

（　上昇・下落　）します。

(2) 不景気のとき，企業の生産規模は（　拡大・縮小　）し，失業者が

（　増加・減少　）します。

(3) 政府は，好景気のときは，公共事業への支出を（　増やし・減らし　）た

り，（　減税・増税　）を行ったりして，景気の行き過ぎをおさえます。

(4) 不景気のときに減税を行うと，消費活動を（　活発にする・おさえる　）

効果が期待できます。

☺ 好景気・不景気のときの財政政策は重要。増税・減税がどのような効果をもたらすかを理解しよう。

32 円高・円安ってどういうこと？

　経済の**グローバル化**が進んだ現在，通貨と通貨の交換比率である**為替相場**（**為替レート**）は，私たちの生活にも大きな影響を与えます。円高になると輸入品を安く買うことができ，円安になると輸入品の値段が上がります。

●産業の空洞化と為替相場

　国境を越えた商品の取り引きを**貿易**といいます。**貿易の自由化**によって，国際社会においてさまざまな取り引きが行われるようになりました。

【産業の空洞化】

工場の海外進出

輸出

輸入

海外の安い労働力を求めて多くの企業が工場を海外へ移した結果，国内での生産が衰え，失業者の増加などの問題が起こっている。

【為替相場】

ドルを売ろう　円を買おう

通貨と通貨の交換比率が為替相場。
各通貨への需要と供給の関係で変化する。

●円高と円安

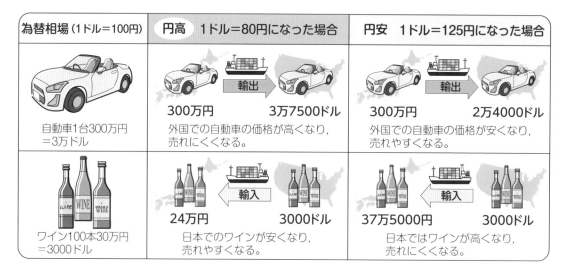

為替相場（1ドル＝100円）	円高　1ドル＝80円になった場合	円安　1ドル＝125円になった場合
自動車1台300万円＝3万ドル	輸出　300万円　3万7500ドル　外国での自動車の価格が高くなり，売れにくくなる。	輸出　300万円　2万4000ドル　外国での自動車の価格が安くなり，売れやすくなる。
ワイン100本30万円＝3000ドル	輸入　24万円　3000ドル　日本でのワインが安くなり，売れやすくなる。	輸入　37万5000円　3000ドル　日本ではワインが高くなり，売れにくくなる。

　円高は円の価値が上がること。**輸入に有利，輸出には不利**になります。

　円安は円の価値が下がること。**輸出に有利，輸入には不利**になります。

基 本 練 習

→ 答えは別冊9ページ

1 ◻◻◻◻ にあてはまる語句を書きましょう。

(1) 国境を越えて人や物，お金の行き来がさかんになり，経済の

◻◻◻◻◻◻ 化が進んでいます。

(2) 国境を越えた商品の取り引きを ◻◻◻◻ といいます。

(3) 通貨と通貨の交換比率を ◻◻◻◻◻◻ といいます。

(4) 海外の安い労働力を求めて，多くの企業が工場を海外へ移した結果，国内

の製造業が衰退することを ◻◻◻◻◻ といいます。

2 （　）のうち，正しいほうを選びましょう。

(1) 1ドル＝100円が1ドル＝80円になると （　円高・円安　） です。

(2) 円高とは円の価値が （　上がる・下がる　） ことで，輸出には

（　有利・不利　） になります。

(3) 円安とは円の価値が （　上がる・下がる　） ことで，輸入には

（　有利・不利　） になります。

 円高は輸入に有利で輸出に不利，円安は輸出に有利で輸入に不利になることをおさえておこう。

33 社会保障制度の4つの柱って？

社会保障制度は，高齢や病気，失業などにより，個人の努力だけでは生活が困難になった場合，日本国憲法の**生存権の保障**に基づき，国がその生活を保障する制度です。**社会保険，公的扶助，社会福祉，公衆衛生**の4つの柱から成り立っています。

●社会保険　加入者や国などがかけ金を積み立て，必要になったとき保険金の給付を受ける。

医療保険	年金保険	雇用(失業)保険	介護保険
(健康保険・国民健康保険)			

治療費は一部だけ払ってください。

これで生活ができるよ。

老後の生活などを保障。

よかった！

失業した場合に保険金を受け取る。

高齢者など介護を必要とする人が介護サービスを受ける。

●公的扶助

生活保護
生活保護法に基づき，収入が少なく，生活が困難な人に生活費などを給付する。

●社会福祉

高齢者，障がいのある人，児童，一人親の家庭などに保護や援助を行う。

●公衆衛生

感染症の予防，環境の整備などを行う。

国の歳出の社会保障関係費の内訳

生活扶助等社会福祉費　保健衛生対策費1.4
少子化対策費

年金・医療・介護保険給付費78.3%　　11.7　8.5

雇用労災対策費0.1

(2020年度予算案)

(2020/21年版「日本国勢図会」)

今後，高齢化がさらに進み，医療や年金，介護など社会保険の費用がもっと必要になってくると予想されるよ。

1 ☐ にあてはまる語句を書きましょう。

(1) 日本の社会保障制度は，社会保険，公的扶助，社会福祉，

☐ の４つの柱から成り立っています。

(2) 社会保障制度のうち，加入者や国などがかけ金を積み立て，必要になった

ときに保険金の給付を受けるしくみを ☐ といいます。

(3) (2)のうち，高齢者など介護を必要とする人が介護サービスを受けることが

できるものを ☐ といいます。

(4) 社会保障制度のうち，高齢者や障がいのある人，児童，一人親の家庭など

に保護や援助を行うものを ☐ といいます。

2 （　）のうち，正しいほうを選びましょう。

(1) 社会保障制度の整備は，国民の（　生存権・自由権　）を保障するために

必要です。

(2) 年をとったときの生活を保障するためのしくみに

（　雇用保険・年金保険　）があります。

(3) 社会保障関係費のうち，最も割合が高いのは，医療・年金保険などの

（　公的扶助・社会保険　）の費用です。

社会保障制度の４つの柱のうち，とくに社会保険は重要。どんな種類があるかを理解しておこう。

34 公害防止と環境保全
環境を守るために行われていることは？

1960年代を中心に続いた**高度経済成長**期に，各地でさまざまな**公害**が深刻になりました。現在，**環境基本法**などによって，公害を防ぎ，環境を守る政策が進められています。資源を大切にしてごみを減らす**循環型社会**づくりも環境保全の取り組みの一環です。

●とくに大きな問題になった四大公害病

	水俣病	イタイイタイ病	四日市ぜんそく	新潟水俣病
原因	水質汚濁	水質汚濁	大気汚染	水質汚濁
地域	熊本県・鹿児島県，八代海沿岸　八代海	富山県，神通川流域　神通川	三重県四日市市　四日市市	新潟県，阿賀野川流域　阿賀野川

●環境を守るための国の取り組み

【環境省】	【環境基本法】	【環境影響評価法】
環境行政を中心になって進めている役所。	1993年制定。総合的な環境保全政策に取り組むための法律。	開発による環境への影響を調べる（環境アセスメント）ための手続きを定めている。

●循環型社会に必要なことは？

資源の使用量を減らし，環境への負担を少なくする社会を**循環型社会**と呼んでいます。そのために必要なことが，**リデュース・リユース・リサイクル**の「3R」です。

リデュース（Reduce）
資源を節約してごみを減らす。
レジ袋はいりません。

リユース（Reuse）
繰り返し使う。
フリーマーケット

リサイクル（Recycle）
資源として再生して利用する。

循環型社会を目指して循環型社会形成推進基本法が定められているよ。

1 ☐ にあてはまる語句を書きましょう。

(1) 1960年代を中心に続いた高度経済成長期に，日本各地でさまざまな

☐ が問題になりました。

(2) 三重県四日市市で発生した大気汚染は ☐ です。

(3) 環境行政の仕事を中心になって進めている省庁は ☐ です。

(4) 1993年，総合的な環境保全政策に取り組むために ☐ 法

が制定されました。

(5) 循環型社会をつくるためには，リデュース，☐ ，リサイ

クルという「3R」が必要です。

2 次の問いに答えましょう。

(1) 九州の八代海沿岸で，水質汚濁により起こった公害病を何といいますか。

〔　　　　　　　　　〕

(2) 富山県の神通川流域で水質汚濁により起こった公害病を何といいますか。

〔　　　　　　　　　〕

(3) ペットボトルや古紙など，いらなくなったものを資源として再生して利用

することを何といいますか。　　　〔　　　　　　　　　〕

☺ 四大公害病を押さえておこう。また，環境を守るための取り組みも押さえよう。

復習テスト⑤

→ 答えは別冊15ページ

得点

／100点

4章 国民の暮らしと経済

1

国税の内訳を表した右のグラフを見て，次の問いに答えましょう。

【(2)は7点，ほかは各5点 計22点】

(1) グラフ中の**A～C**の税の説明としてあてはまるもの
を，次の**ア～オ**から1つずつ選び，記号で答えなさい。

　ア　個人の所得にかけられる税。

　イ　財産を譲り受けるときにかけられる税。

　ウ　会社などの利益にかけられる税。

　エ　住宅を取得した場合にかけられる税。

　オ　ものやサービスの取り引きにかけられる税。

　　A〔　　　　〕**B**〔　　　　〕**C**〔　　　　〕

酒税1.9
揮発油税 3.5
その他
A 所得税 30.0%
間接税等
直接税 57.6%
総額 66兆4213億円
C 消費税 29.2
42.4%
B 法人税 19.4
その他
相続税3.4

(2019年度,当初予算)(2020/21年版「日本国勢図会」)

(2) **A**の税などで採用されている累進課税とはどのようなしくみですか。「税率」という語句を使って，簡単に説明しなさい。

〔　　　　　　　　　　　　　　　　　　　　　　　　　　　　　　　　　　〕

2

右のグラフは，1990年，2000年，2020年のいずれかの年の国の歳出の割合を表しています。このグラフを見て，次の問いに答えましょう。

【各5点 計20点】

(1) グラフ中の　　　　　には，国の借金が
あてはまります。これを何といいますか。

〔　　　　　　　　　〕

文教および科学振興費
公共事業関係費
防衛関係費

A 社会保障関係費 34.9%｜　　　費 22.7｜15.2｜6.7｜5.4｜5.2｜その他

地方交付税交付金

(2) **A～C**のグラフのうち，2020年のものは
どれですか。記号で答えなさい。

〔　　　　　　　　　〕

B 19.7%｜　　　費 24.0｜16.7｜13.3｜7.7｜5.5

C 16.6%｜　　　費 20.7｜23.0｜10.0｜7.8｜6.1

(2020/21年版「日本国勢図会」)

(3) グラフ中の社会保障関係費は，社会保障
制度の4つの柱を支えるためのお金です。

次の①・②にあてはまる社会保障制度の柱を，あとの**ア～エ**から1つずつ選び，記号
で答えなさい。

① 収入が少なく生活が困難な人に，生活費などを給付する。〔　　　　　〕

② 加入者などがかけ金を積み立て，必要になったときに給付を受ける。〔　　　　　〕

　ア　公的扶助　　イ　社会保険　　ウ　公衆衛生　　エ　社会福祉

082

3

景気変動を表した右の図を見て，次の問いに答えましょう。

【各5点 計15点】

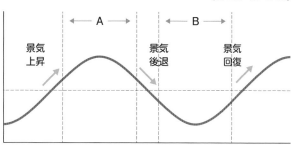

(1) 図中の**A**のときには，物価が継続して上昇する現象が起こりやすくなります。この現象を何といいますか。

〔　　　　　　　　　〕

(2) 図中の**B**のときにとられる政府の財政政策としてあてはまるものを，次の**ア**〜**エ**から2つ選び，記号で答えなさい。

ア 公共事業への支出を増やす。　　**イ** 減税をする。

ウ 公共事業への支出を減らす。　　**エ** 増税をする。　　〔　　　〕〔　　　〕

4

為替相場（為替レート）と経済のグローバル化について，次の問いに答えましょう。

【(2)は8点，ほかは各5点 計18点】

(1) 為替相場が1ドル＝100円から1ドル＝80円になった場合，次の①・②について，有利になるものには**A**，不利になるものには**B**の記号で答えなさい。

① 日本からアメリカへ旅行に行っている人。　　〔　　　　　〕

② アメリカへ自動車を輸出している会社。　　〔　　　　　〕

(2) 近年，日本で問題になっている「産業の空洞化」とは，どのようなことですか。解答欄の言葉に続けて，簡潔に説明しなさい。

〔 海外の安い労働力を求めて，　　　　　　　　　　　　　　　　　　　〕

5

環境問題について，次の問いに答えましょう。

【各5点 計25点】

(1) 右の地図中の**A**〜**D**で発生した公害病を，次の**ア**〜**エ**から1つずつ選び，記号で答えなさい。

ア 水俣病　　　　**イ** イタイイタイ病

ウ 新潟水俣病　　**エ** 四日市ぜんそく

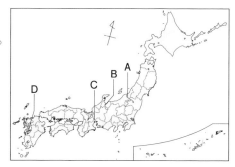

A〔　　　　〕 B〔　　　　〕

C〔　　　　〕 D〔　　　　〕

(2) 循環型社会のために必要な3Rとは，リデュース，リユースと，あと1つを何といいますか。　　〔　　　　　　　〕

35 国際社会にはどんなルールがあるの？

国家は**国民・領域・主権**の３つの要素から成り立っています。主権とは，他国から支配されたり干渉されたりしない権利で，主権をもつ国を**主権国家**といいます。

●国際社会のルール

国際社会において，国どうしが守るべきルールを**国際法**といいます。

国どうしで結ばれる**条約**や，長い間のならわしに基づく**国際慣習法**などがある。

●国旗と国歌

日本は1999年に国旗国歌法を定め，**日章旗**を国旗，「**君が代**」を国歌としています。

●国の領域

国の主権がおよぶ範囲を領域といい，**領土・領海・領空**からなります。

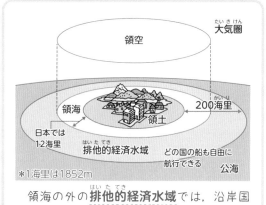

領海の外の**排他的経済水域**では，沿岸国に資源の権利がある。

●日本の領域と領土問題

竹島…島根県に属する日本固有の領土。**韓国**が不法に占拠している。

尖閣諸島…沖縄県に属する日本固有の領土。周辺地域で資源埋蔵の可能性が報告され，**中国**が領有権を主張するようになった。

北方領土…第二次世界大戦直後からソ連とそれを引き継いだ**ロシア**が不法に占拠している。

1章
2章
3章
4章
5章 世界平和と国際社会の課題

1 □ にあてはまる語句を書きましょう。

(1) 国家が成り立つための3つの要素は，国民，□，主権です。

(2) 独立国は，他国から支配されず，干渉を受けない権利である□

をもっています。

(3) 国際社会において，国と国が守るべきルールを□といい，

条約や国際慣習法があります。

(4) 国の主権がおよぶ範囲のうち，陸地の部分を□といい，海岸

から一般に12海里の水域を□といいます。

(5) 排他的経済水域の外側の水域を□といいます。

2 (　) のうち，正しいほうを選びましょう。

(1) 海岸から（ 120・200 ）海里内の排他的経済水域では，水産・鉱産資

源は沿岸国に権利があります。

(2) 択捉島，国後島，色丹島，歯舞群島の北方領土は，現在，（ ロシア・

中国 ）に占拠されており，日本はその返還を求めています。

(3) 島根県に属する（ 竹島・対馬 ）は，韓国が不法に占拠しています。

(4) 沖縄県に属する（ 小笠原諸島・尖閣諸島 ）は，1970年代から中国が

領有権を主張するようになりました。

ミス注意 領海・排他的経済水域の範囲をまちがえないようにしよう。

国際連合にはどんな機関があるの？

国際連合（国連）は，第二次世界大戦直後の1945年10月に発足しました。本部は**ニューヨーク**にあり，現在，190か国余りが加盟しています。主要機関として，**総会**のほか，**安全保障理事会（安保理）**，国際司法裁判所，事務局などがあります。

●国連加盟国数の変化

国際政治の動きとともに，加盟国も増加しています。

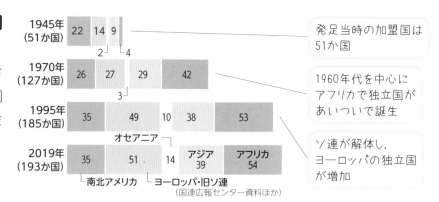

1945年（51か国）	22	14	9	2	4
1970年（127か国）	26	27	3	29	42
1995年（185か国）	35	49	10	38	53
2019年（193か国）	35	51	14	アジア39	アフリカ54

オセアニア
南北アメリカ　ヨーロッパ・旧ソ連
（国連広報センター資料ほか）

発足当時の加盟国は51か国

1960年代を中心にアフリカで独立国があいついで誕生

ソ連が解体し，ヨーロッパの独立国が増加

●国連のしくみ

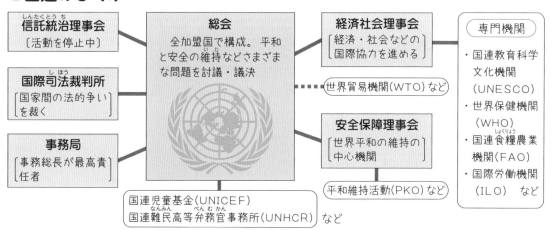

信託統治理事会
〔活動を停止中〕

国際司法裁判所
〔国家間の法的争いを裁く〕

事務局
〔事務総長が最高責任者〕

総会
全加盟国で構成。平和と安全の維持などさまざまな問題を討議・議決

経済社会理事会
〔経済・社会などの国際協力を進める〕

世界貿易機関（WTO）など

安全保障理事会
〔世界平和の維持の中心機関〕

平和維持活動（PKO）など

専門機関
・国連教育科学文化機関（UNESCO）
・世界保健機関（WHO）
・国連食糧農業機関（FAO）
・国際労働機関（ILO）　など

国連児童基金（UNICEF）
国連難民高等弁務官事務所（UNHCR）など

●さまざまな機関の活動

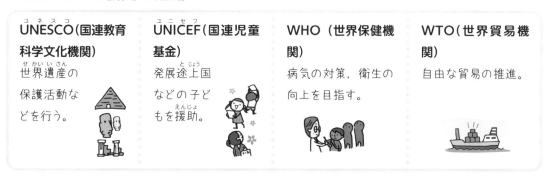

UNESCO（国連教育科学文化機関）	UNICEF（国連児童基金）	WHO（世界保健機関）	WTO（世界貿易機関）
世界遺産の保護活動などを行う。	発展途上国などの子どもを援助。	病気の対策，衛生の向上を目指す。	自由な貿易の推進。

1 （　　　）のうち，正しいほうを選びましょう。

(1) 国際連合（国連）は，1945年10月，（　51・92　）か国で発足しました。

(2) 国連の加盟国は，1960年代には，（　ヨーロッパ・アフリカ　）諸国を

中心に急激に増加しました。その後も加盟国が増え，2019年末の加盟国数

は，（　162・193　）か国です。

(3) 発展途上国などの子どもたちを援助している国連児童基金の略称は

（　UNICEF・IAEA　）です。

(4) 自由な貿易を推進している世界貿易機関の略称は（　FAO・WTO　）で

す。

2 　　　　　にあてはまる語句を書きましょう。

(1) 国連の本部がある都市はアメリカの　　　　　　　　　　です。

(2) 国連の主要機関には，全加盟国によって構成される　　　　　　　を中心

に，安全保障理事会，　　　　　　　　　　理事会，信託統治理事会，事務局

などがあります。

(3) 世界遺産の保護活動などを行っている国連教育科学文化機関の略称を

　　　　　　　　　　といいます。

(4) 発展途上国で医療や衛生などの活動を行ったり，伝染病の予防などを行っ

ているのは　　　　　　　　　　です。

😊 **ミス注意** 国連の主な機関を覚えておこう。ユネスコとユニセフ，WHOとWTOなど似ている略称に注意。

37 国連が行っている活動はどんなこと？

国連のさまざまな活動

国際連合は，**安全保障理事会**の決議などに基づいて，**平和維持活動（PKO）**などを行っています。また，国際連合は，2015年に具体的な17の目標を設定し，**持続可能な開発目標（SDGs）**に合意しました。

●安全保障理事会（安保理）

安全保障理事会は，**拒否権をもつ5つの常任理事国**と，**10の非常任理事国**からなり，紛争当事国への勧告や，軍事行動の決議を行います。

（Alamy / PPS通信社）

常任理事国は5か国

イギリス　アメリカ　ロシア　中国　フランス

非常任理事国は10か国

総会で選出され，任期は2年。

5常任理事国は拒否権をもっている

わが国は反対だ。拒否権を行使する。

重要議題では，1か国でも反対すれば決定できない。

●国連平和維持活動（PKO）

紛争地域で，停戦の監視や公正な選挙の監視，人道的な救援などを行う活動です。

（朝日新聞社 / PPS通信社）
戦闘の防止などを行う平和維持軍（PKF）と非武装の停戦監視団などからなる。

●持続可能な開発目標（SDGs）

世界が抱えている課題を解決するために，「貧困をなくそう」「すべての人に健康と福祉を」「人や国の不平等をなくそう」など，具体的な17の目標を設定したものです。

SUSTAINABLE DEVELOPMENT G**O**ALS

基本練習

答えは別冊11ページ

1 ［　　　］にあてはまる語句を書きましょう。

(1) 国連で世界平和と安全の維持の中心になっている機関は

［　　　　　　　　　　］理事会です。

(2) 国連は，紛争地域で停戦の監視や公正な選挙の監視などを行う平和維持活

動を行っています。この活動の略称を ［　　　　　　　］ といいます。

(3) 2015年，国際連合は，世界が抱えている課題を解決するために，具体的

な目標を設定した ［　　　　　　　　　　　　　］ （SDGs）に合意しま

した。

2 次の問いに答えましょう。

(1) 安全保障理事会の5つの常任理事国は，アメリカ，ロシア，イギリス，フ

ランスと，あと1つはどこですか。

〔　　　　　　　　　　〕

(2) 安全保障理事会の重要議題では，常任理事国のうち1か国でも反対があれ

ば決定できないことになっています。この常任理事国の特権を何といいます

か。

〔　　　　　　　　　　〕

(3) 安全保障理事会の非常任理事国は何か国ですか。

〔　　　　　　　　　　〕

(4) 2015年に国際連合で合意したSDGsは，具体的な大きな目標をいくつ設

定しましたか。

〔　　　　　　　　　　〕

安全保障理事会の5つの常任理事国と，常任理事国がもっている拒否権について覚えておこう。

38 地域ごとの国際組織
国々のまとまりにはどんなものがあるの？

　特定の地域において，複数の国が経済や安全保障で協力し合う動きを**地域主義**(リージョナリズム・地域統合)といいます。近年では，イギリスがEUを離脱したり，加盟国間の経済格差が拡大するなど，新たな局面を迎えています。

【 主な地域統合 】

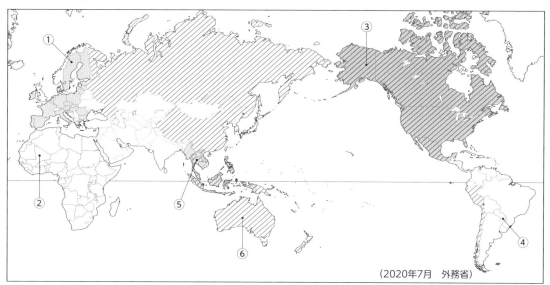

(2020年7月　外務省)

①	②	③	④
ヨーロッパ連合(EU)	アフリカ連合(AU)	アメリカ・メキシコ・カナダ協定(USMCA)	南米南部共同市場(MERCOSUR)
1993年発足。27か国が加盟。共通通貨ユーロを導入。経済的に一つの市場になっている。	2002年発足。55の国,地域が加盟。経済的統合などを目指してアフリカ統一機構(OAU)から発展。	2020年,北米自由貿易協定(NAFTA)に代わって新たに発効。	1995年発足。6か国が加盟。経済・貿易面での協力関係を強化。

⑤	⑥
東南アジア諸国連合(ASEAN)	アジア太平洋経済協力会議(APEC)
1967年発足。10か国が加盟。政治・経済・安全保障などで協力。日本・中国・韓国を加えた「ASEAN＋3」も開催。	1989年から開催。21の国,地域が参加。近年,この地域の多くの国々が環太平洋経済連携協定(TPP)に調印し,経済関係を強化。

●EUの現状

　加盟国が増えたEUでは，加盟国間の経済格差が拡大しました。移民や難民の問題，他国の財政を支えることなどをめぐる意見の対立もあり，多くの課題を抱えています。

2016年の国民投票により,2020年にイギリスが離脱。

EUの予算負担割合

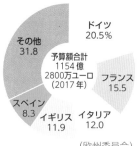

ドイツ 20.5%
その他 31.8
予算額合計 1154億2800万ユーロ (2017年)
フランス 15.5
スペイン 8.3
イギリス 11.9
イタリア 12.0

(欧州委員会)

基本練習

→ 答えは別冊11ページ

1 ___ にあてはまる語句を書きましょう。

(1) グローバル化が進んだ世界では，特定の地域でいくつかの国々が経済や安全保障の分野で協力し合う動きがみられます。このような動きを

___ （リージョナリズム）といいます。

(2) ヨーロッパの国々が政治・経済の統合を進めている組織である

___ の略称をEUといいます。

(3) EUは，多くの国が共通通貨である ___ を導入しています。

(4) アフリカ諸国は，2002年に ___ （AU）を発足させ，経済的な統合を目指しています。

2 （　）のうち，正しいほうを選びましょう。

(1) ASEANは（ 西アジア・東南アジア ）諸国が結成している政治・経済の協力組織です。

(2) アジア太平洋経済協力会議の略称を（ OPEC・APEC ）といい，アメリカや日本，ロシアなどの国々が参加しています。

(3) （ USMCA・WTO ）は，NAFTAに代わって，アメリカ，カナダ，メキシコが新たに結んだ協定です。

(4) 2016年に行った国民投票によって，（ イギリス・ドイツ ）は，2020年にEUから離脱しました。

ミス注意 EU・ASEAN・APECなど，さまざまな国際組織の略称をまちがえないようにしよう。

39 南北問題ってどういう問題？

世界の人口は増え続け, とくにアジア, アフリカの**発展途上国**で急激に人口が増加しています。これらの**発展途上国**と**先進工業国**の経済格差から生まれる問題が**南北問題**です。

●アジア・アフリカの発展途上国で人口が急増

世界の人口は, 77億人(2019年)を超え, 2050年には95億人にも上ると推定されています。とくにアジアやアフリカの発展途上国では急激に増加しています。

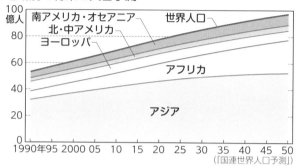

地域別の将来の人口予測

(「国連世界人口予測」)

●先進工業国と発展途上国の経済格差

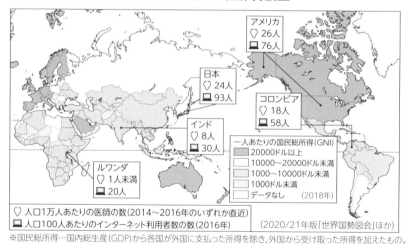

アメリカ
♡ 26人
💻 76人

日本
♡ 24人
💻 93人

コロンビア
♡ 18人
💻 58人

インド
♡ 8人
💻 30人

ルワンダ
♡ 1人未満
💻 20人

一人あたりの国民総所得(GNI)
20000ドル以上
10000〜20000ドル未満
1000〜10000ドル未満
1000ドル未満
データなし　(2018年)

♡ 人口1万人あたりの医師の数(2014〜2016年のいずれか直近)
💻 人口100人あたりのインターネット利用者数の数(2016年)
(2020/21年版「世界国勢図会」ほか)

※国民総所得…国内総生産(GDP)から各国が外国に支払った所得を除き, 外国から受け取った所得を加えたもの。

地球の北側に多い先進工業国(先進国)と, 南側に多い発展途上国(途上国)との経済格差から生まれる問題が**南北問題**です。

●発展途上国の格差

近年は急速に成長する**新興国**が現れ, 発展途上国の間でも格差が広がっています。この問題は**南南問題**とよばれています。

NIES(新興工業経済地域)…ホンコン(香港), 韓国, 台湾, シンガポールなど。
BRICS…ブラジル, ロシア連邦, インド, 中国, 南アフリカ共和国。

1 次の問いに答えましょう。

(1)　人口の増えかたがとくに大きい州は，アジアとどこですか。

[　　　　　　　　　　　]

(2)　先進工業国と発展途上国の間の経済格差から生まれる問題を何といいますか。

[　　　　　　　　　　　]

(3)　1960年代以降に急速に工業化したホンコン，韓国，シンガポール，台湾などをまとめて何といいますか。

[　　　　　　　　　　　]

(4)　2000年代に入って，急速に経済成長したブラジル，ロシア連邦，インド，中国，南アフリカ共和国をまとめてアルファベットで何といいますか。

[　　　　　　　　　　　]

2 （　　　　）のうち，正しいほうを選びましょう。

(1)　2019年時点の世界の人口は，（　70・90　）億人を超えています。

(2)　BRICSとはブラジル，ロシア連邦，インド，中国，

（　南アフリカ共和国・フィリピン　）の５か国です。

(3)　近年，途上国の間でも経済格差が広がっており，（　東西・南南　）問題

と呼ばれています。

😊 発展途上国の間でも豊かな国と貧しい国の格差が広がっていることを押さえておこう。

今,地球環境にどんな問題が起こっているの？

　二酸化炭素(CO_2)などの**温室効果ガス**の増加によって地球の気温が上昇する**地球温暖化**が大きな問題になっています。**酸性雨**や**砂漠化**の進行も問題です。国連では，こうした地球環境問題に対して，さまざまな取り組みを進めています。

●地球温暖化

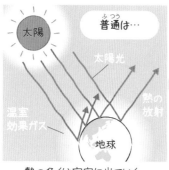

普通は…

太陽

太陽光

温室効果ガス

熱の放射

地球

熱の多くは宇宙に出ていく。

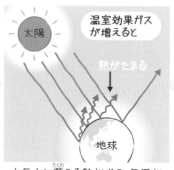

温室効果ガスが増えると

太陽

熱がたまる

地球

大気中に蓄える熱が増え，気温が上がる。

影響

極地の氷が解け，海面が上昇

農作物への影響

生態系の変化

　地球を温室のようにする**温室効果ガス**の１つが**二酸化炭素(CO_2)**で，**化石燃料**(石油・石炭など)の燃焼などで発生します。

●酸性雨と砂漠化

　酸性雨は酸性度の強い雨で，森林を枯らしたり，湖の魚を死滅させたりします。また**砂漠化**は，耕地や牧草地が不毛の土地となることで，アフリカなどで深刻です。

酸性雨
硫黄や窒素の酸化物を排出
酸性雨

砂漠化
立ち木の伐採
過放牧
カサカサよ
不毛の土地

　ほかに，熱帯地域の**熱帯林の減少**や，フロンガスによる**オゾン層の破壊**なども問題になっています。

●地球環境問題への取り組み

| 1992年　国連環境開発会議（地球サミット）…ブラジルのリオデジャネイロで開催。気候変動枠組条約など調印。 | 1997年　地球温暖化防止京都会議…京都議定書を採択し，温室効果ガス削減を義務化。先進国と途上国の対立などが課題。 | 2015年　パリ協定…すべての国や地域が温室効果ガスの削減目標を立てて取り組む。 |

基本練習

→ 答えは別冊11ページ

1 **次の問いに答えましょう。**

(1) 二酸化炭素などの増加によって地球の気温が上昇する環境問題を何といいますか。

[ ]

(2) 工場や自動車の排出ガスなどに含(ふく)まれる硫黄や窒素の酸化物が混じり,森林を枯(か)らす被害(ひがい)などを出す雨を何といいますか。

[ ]

(3) 立ち木の伐採(ばっさい)や過放牧などが原因で土地が荒(あ)れ,不毛の土地になることを何といいますか。

[ ]

(4) 2015年に採択され,すべての国や地域が温室効果ガスの削減目標を立てて取り組むことを決めた協定を何といいますか。

[ ]

2 ___ **にあてはまる語句を書きましょう。**

(1) 地球温暖化を引き起こす ［　　　　　　　］ ガスの1つである二酸化炭素は,石油や石炭などの化石燃料の燃焼によって発生します。

(2) 1992年,ブラジルのリオデジャネイロで開かれた国連環境開発会議のことを ［　　　　　］ サミットと呼んでいます。

(3) 1997年,地球温暖化を防止するため,日本の ［　　　　　］ 市で会議が開かれ,先進国の温室効果ガスの削減枠(さくげんわく)が決められました。

😐 2015年に採択されたパリ協定など,地球温暖化に対する国際的な取り組みを押(お)さえておこう。

41 世界の資源を守るために大切なことは？

　私たちは，石油や石炭などの**化石燃料**を大量に消費して生活しています。日本の電力は主に**水力発電**，**火力発電**，**原子力発電**によってつくられてきました。近年では，原子力発電所の事故をきっかけに太陽光など**再生可能エネルギー**の普及（ふきゅう）が進められています。

●化石燃料

　石油などの化石燃料は，埋蔵（まいぞう）する地域にかたよりがあり，採掘（さいくつ）できる年数に限りがあります。また，消費することで二酸化炭素などの**温室効果ガス**が発生し，**地球温暖化**の原因となります。

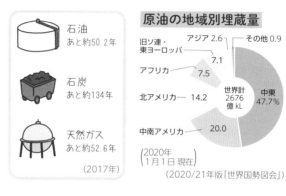

石油 あと約50.2年

石炭 あと約134年

天然ガス あと約52.6年

（2017年）

原油の地域別埋蔵量

その他 0.9
アジア 2.6
旧ソ連・東ヨーロッパ 7.1
アフリカ 7.5
北アメリカ 14.2
中南アメリカ 20.0
中東 47.7%
世界計 2676億kL

（2020年1月1日 現在）
（2020/21年版「世界国勢図会」）

●原子力発電

　2011年の東日本大震災での福島第一原子力発電所（原発）の事故で，放射性物質が大量に放出されたことで，日本のエネルギー政策は見直しを迫（せま）られました。

発電電力量の推移（会計年度）

兆kWh

火力

原子力

水力

東日本大震災

1965年 70 75 80 85 90 95 2000 05 10 15 18
（2020/21年版「日本国勢図会」）

東日本大震災後には，原発が停止したことで電力が不足して，「計画停電」が行われたんだ。

●再生可能エネルギー

　二酸化炭素を排出（はいしゅつ）しない**再生可能エネルギー**には，**太陽光**，**風力**，**地熱**，**バイオマス**などがあります。しかし，自然条件や費用の問題などの課題も残っています。

太陽光発電

（ピクスタ）

風力発電

（ピクスタ）

地熱発電

（ピクスタ）

1 次の問いに答えましょう。

(1) エネルギー資源として最も多く使われている石油，石炭，天然ガスなどを
何といいますか。

[　　　　　　　]

(2) 2020年1月1日現在，最も多くの原油が埋蔵されている地域はどこですか。

[　　　　　　　]

(3) 二酸化炭素を排出しない太陽光，風力，地熱などから得られるエネルギー
を何といいますか。

[　　　　　　　]

2 [　　　　　]にあてはまる語句を書きましょう。

(1) 石油や石炭などを消費すると，[　　　　　　　]の原因となる二酸

化炭素などの温室効果ガスが発生します。

(2) 日本の発電は主に火力発電，原子力発電，[　　　　　]によってつ

くられてきました。

(3) 2011年の[　　　　　　　]での福島第一原子力発電所の事故に

より，大量の放射性物質が放出されました。

(4) (3)により，各地の原発が停止したことで電力が不足し，[　　　　　]

が行われました。

😊 さまざまな発電の種類と，その長所や短所を押さえておこう。

42 貧困と難民の問題
貧困や難民ってどういう問題？

世界では多くの人が，1日1.9ドル未満で生活する**貧困**状態にあります。いっぽう，先進国では，まだ食べられる食料が捨てられてしまう**食品ロス**が問題になっています。また，**地域紛争**などが原因で，生活する場所を失い，**難民**となる人たちが後を絶ちません。

●貧困の実態

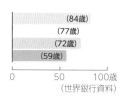

(世界銀行資料)

世界では約9人に1人が貧困状態にあり(2018年)，水道や電気が使えない，医療や教育が受けられないなど，厳しい環境での生活を強いられています。

●食品ロスとフェアトレード

食品ロス

約8億人が飢餓に直面しているいっぽうで，先進国では大量の食料が廃棄されている。

フェアトレード(公正貿易)

途上国の生産者　フェアトレード団体

途上国の農産物などを適正な価格で取り引きし，途上国の生産者の自立を目指す取り組み。

●地域紛争と難民問題

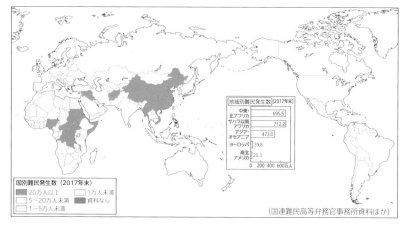

(国連難民高等弁務官事務所資料ほか)

国連難民高等弁務官事務所(UNHCR)は**難民**を保護する活動を行っています。

また，暴力を用いて特定の政治的な主張を社会に伝えようとする**テロリズム**(テロ)は，世界中で多くの犠牲者を出しています。

2001年にイスラム過激派が起こした**アメリカ同時多発テロ**は，世界中に大きなショックを与えたよ。

1 ［　　　］にあてはまる語句を書きましょう。

(1) 生活に使える金額が１日に1.9ドル未満の状態を，［　　　　　］といいます。

(2) 途上国の人々が飢餓に直面しているいっぽうで，先進国では，食料を余らせて捨ててしまう［　　　　　　　］が問題になっています。

(3) 途上国の人々が生産した農産物や製品を，先進国の人々が適正な価格で購入し，途上国の生産者の自立を支える［　　　　　　　　　　］（公正貿易）の取り組みが行われています。

(4) ［　　　　　　　　　　　　　　　］（UNHCR）は，難民を保護する活動を行っています。

(5) 宗教や民族対立など，特定の政治的な主張を社会に伝えるために，暴力を用いることを［　　　　　　　　］といいます。

2 （　　　）のうち，正しいほうを選びましょう。

(1) 世界では，約（　9・30　）人に１人が貧困の状態にあります（2018年）。

(2) アフリカのマリでは，約（　5・50　）％の人たちが貧困の状態にあります（2009年）。

(3) 難民発生数を地域別で見ると，（　南北アメリカ・
サハラ以南のアフリカ　）で最も多くの難民が発生しています（2017年末）。

😊 多くの地域紛争が起こり，難民が発生していることを押さえておこう。

43 日本は世界でどんな役割をしているの？

　日本は，日本国憲法で**平和主義**を基本原理の１つとして定めています。また，発展途上国に対する資金や技術の援助などの**国際貢献**を行っています。

●非核三原則

　日本は，第二次世界大戦で原子爆弾の被害を受けた，世界で唯一の被爆国であり，核兵器について**非核三原則**をかかげています。

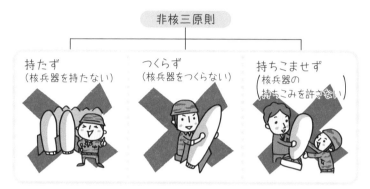

非核三原則

持たず（核兵器を持たない）　つくらず（核兵器をつくらない）　持ちこませず（核兵器の持ちこみを許さない）

●国連の平和維持活動

　日本では，1992年に**国際平和協力法（PKO協力法）**が制定され，国連の**PKO（平和維持活動）**に参加し，紛争地域に自衛隊が派遣できるようになりました。災害地域などでの医療・物資の支援なども積極的に行っています。

（朝日新聞社 / PPS 通信社）

●日本のODA

　日本は**政府開発援助（ODA）**として，発展途上国への資金援助や技術協力，青年海外協力隊などの人材の派遣を行っています。

●NGOの活動

　国境を越えてさまざまな援助活動を行っている民間団体を**NGO（非政府組織）**といい，国連や各国政府とも協力しています。

主な先進国のODA総額の割合

2019年 1528億ドル（贈与相当額）	アメリカ 22.7%	ドイツ 15.6	イギリス 12.7	日本 10.1	フランス 8.0	その他

スウェーデン 3.5 ／ オランダ 3.5 ／ イタリア 3.2

（2020/21年版「世界国勢図会」）

対GNI（国民総所得）比では，日本は0.29%。アメリカ（0.16%）よりは高いが，スウェーデン（0.99%）やドイツ（0.60%）より低い。

国境なき医師団

医療，人権擁護，環境保護などさまざまな団体がある。

1 ◻ にあてはまる語句を書きましょう。

(1)　日本は，核兵器について，「持たず，つくらず，◻」
　　の原則をかかげています。

(2)　1992年に◻協力法（国際平和協力法）が制定され，日本
　　も紛争地域に◻などを派遣するようになりました。

(3)　政府開発援助では，◻への資金援助や技
　　術協力，◻協力隊などの人材の派遣を行っています。

2 次の問いに答えましょう。

(1)　日本が核兵器についてかかげている原則を何といいますか。

〔　　　　　　　　〕

(2)　政府開発援助の略称をアルファベット３文字で何といいますか。

〔　　　　　　　　〕

(3)　国境を越えてさまざまな活動を行っている非政府組織をアルファベット３
　　文字で何といいますか。

〔　　　　　　　　〕

非核三原則の内容や，さまざまな国際貢献の名称を押さえよう。

復習テスト 6

➔答えは別冊15ページ

得点　　／100点

5章 世界平和と国際社会の課題

1 国際社会と日本の領域のルールについて，右の地図を見て，次の問いに答えましょう。

【各4点　計24点】

ロシア連邦
中国
北朝鮮
韓国
①
②
③
A
B
C

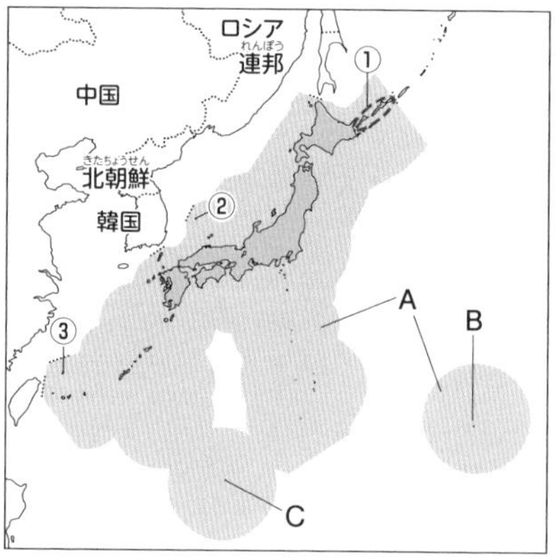

(1)　地図中のAで表した水域内の水産資源や鉱産資源の権利は日本にあります。Aのうち，領海の外側の水域を何といいますか。　［　　　　　　］

(2)　地図中のBは日本の東端，Cは日本の南端にあたる島です。B・Cの島名を答えなさい。

B［　　　　　　］　C［　　　　　　］

(3)　地図中の①～③は，日本が隣国との間で課題を抱えている島です。①～③の島について述べたものを，次のア～ウから１つずつ選び，記号で答えなさい。

ア　日本固有の領土であるが，韓国が不法に占拠している。

イ　第二次世界大戦直後からソ連とそれを引き継いだロシアが不法に占拠している。

ウ　資源の埋蔵が確認された直後から，中国などが領有権を主張するようになった。

①［　　　］　②［　　　］　③［　　　］

2 国際連合の主な機関を表した右の図を見て，次の問いに答えましょう。

【各5点　計25点】

信託統治理事会
経済社会理事会
専門機関
ア ILO
イ FAO
ウ UNESCO
エ WHO
など
国際司法裁判所
安全保障理事会
事務局

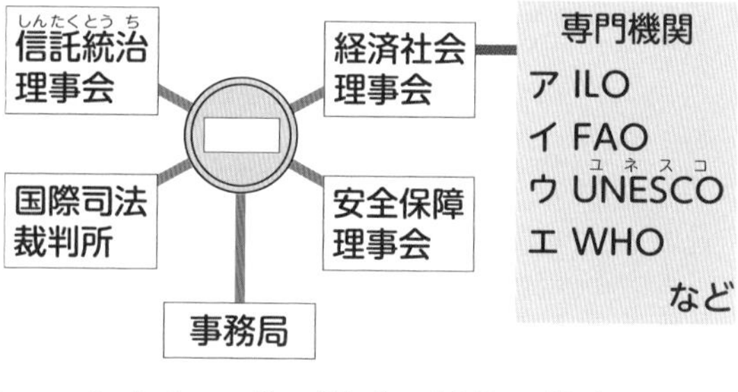

(1)　図中の安全保障理事会の常任理事国にあてはまらない国を，次のア～エから１つ選び，記号で答えなさい。

ア　ドイツ　　イ　アメリカ合衆国

ウ　ロシア　　エ　中国

［　　　］

(2)　次の①・②にあてはまる機関を図中のア～エから１つずつ選び，記号で答えなさい。

①　教育・科学・文化の面で国際協力を進めている。

②　病気の対策や衛生の向上をはかっている。　①［　　　］　②［　　　］

(3)　図中の［　　　］にあてはまる機関の名称を答えなさい。　［　　　　　　］

(4)　2015年，国際連合は，世界が抱えている課題を解決するために，具体的に設定した17の目標を採択しました。これを何といいますか。

［　　　　　　］

3

地域ごとの国際組織について，右の地図を見て，次の問いに答えましょう。

【各5点 計20点】

(1) 地図中の**A～C**で表した国国が結成している国際組織や，結んでいる協定の略称を，次のア～オから1つずつ選び，記号で答えなさい。

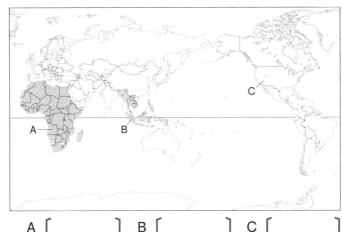

ア TPP
イ ASEAN
ウ USMCA
エ MERCOSUR
オ AU

A〔　　　　　〕 B〔　　　　　〕 C〔　　　　　〕

(2) 2020年にイギリスが離脱した国際組織を何といいますか。〔　　　　　〕

4

世界が抱えるさまざまな問題や日本の役割について，次の問いに答えましょう。

【(5)は11点，ほかは各4点 計31点】

(1) 発展途上国の中でも，NIESやBRICSなどの経済成長が進んでいる国と，後れている国の間の格差が広がっています。次のア～エのうち，BRICSに含まれない国を1つ選び，記号で答えなさい。

ア 中国　イ インド　ウ ブラジル　エ カナダ　　〔　　　　　〕

(2) 地球環境問題の1つであるオゾン層の破壊の原因となっているものを，次のア～エから1つ選び，記号で答えなさい。

ア 天然ガス　イ フロンガス　ウ 酸性雨　エ 干ばつ　〔　　　　　〕

(3) 再生可能エネルギーを，次のア～エから2つ選び，記号で答えなさい。

ア 原子力　イ 風力　ウ 太陽光　エ 火力　〔　　　　　〕〔　　　　　〕

(4) 右のグラフは，主な国の政府開発援助（ODA）総額の割合を表しています。グラフ中のア～エのうち，日本にあてはまるものを1つ選び，記号で答えなさい。〔　　　　　〕

(2020/21年版「世界国勢図会」)

(5) 発展途上国の人々の生活を支える取り組みとして広がっているフェアトレードについて，「適正な価格」「自立」という語句を使って，簡単に説明しなさい。

〔

〕

中学公民をひとつひとつわかりやすく。 改訂版

本書は，個人の特性にかかわらず，内容が伝わりやすい配色・デザインに配慮し，
メディア・ユニバーサル・デザインの認証を受けました。

MUD
P10417

編集協力
野口光伸
（株）フロイス

カバーイラスト・シールイラスト
坂木浩子

キャラクターイラスト
松村有希子

本文イラスト・図版
さとうさなえ
（有）木村図芸社
ゼム・スタジオ

写真提供
写真そばに記載，記載のないものは編集部

ブックデザイン
山口秀昭（Studio Flavor）

メディア・ユニバーサル・デザイン監修
NPO法人メディア・ユニバーサル・デザイン協会　伊藤裕道

DTP
㈱四国写研

© Gakken

中学公民を
ひとつひとつわかりやすく。
[改訂版]

 解答と解説

 軽くのりづけされているので，
外して使いましょう。

Gakken

01 グローバル化・情報化ってどういうこと？
本文7ページ

1　　　　にあてはまる語句を書きましょう。

(1) 物やお金，人や情報が国境を越えて移動し，世界が結びつきを強めること
を　グローバル　化といいます。

(2) 自国の得意な分野に力を入れ，得意でない分野は他国に頼る
国際分業　が進んでいます。

(3) 世界では，異なる国の企業間で，商品の質や価格をめぐって激しい
国際競争　が起こっています。

(4) 近年，情報　化が進み，情報が重要な役割をもつようになりました。

(5) 人間の知的な活動をコンピューターに担わせた技術のことを，アルファ
ベットの略称で　AI　といいます。

(6) インターネット上における，個人の名前や住所などの
個人情報　の流出や悪用が問題となっています。

2　（　）のうち，正しいほうを選びましょう。

(1) インターネットなどの（ ICT・EU ）が発達し，（ NGO・SNS ）
などを通じて，多くの情報を発信したり入手したりできるようになりました。

(2) たくさんの情報から自分に必要な情報を選び，利用・活用していく力を
（ 国際協力・情報リテラシー ）といいます。

解説 2 (1) SNSは，Social Networking Serviceの略称で，
「ソーシャルメディア」の１つ。

---

02 少子高齢化が進んで問題になることは？
本文9ページ

1　　　　にあてはまる語句を書きましょう。

(1) 近年日本では，子どもの数が減る　少子　化と，高齢者の割合が高
くなる高齢化が同時に進み，少子高齢　化が進んでいます。

(2) (1)のような社会を　少子高齢　社会といいます。

(3) 日本で割合が増えている，親と結婚していない子ども，または夫婦だけか
らなる世帯を　核家族　世帯といいます。

(4) 合計特殊出生率　とは，１人の女性が一生の間に産む子どもの
平均の人数のことで，日本では昔より減少しています。

(5) 医療の発達で日本人の　平均寿命　が延び，高齢化が進みました。

2　（　）のうち，正しいほうを選びましょう。

(1) 日本の2015年の人口ピラミッド
にあてはまるのは，右の
（ A・B ）です。

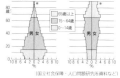

(2) 2018年の，日本の女性の平均寿
命は約（ 81・87 ）歳です。

(3) 2050年には，高齢者１人の基礎年金を，現役世代の約（ 1.2・2.6 ）
人で支えることになると推計されています。

解説 2 (1) BはAに比べて高齢者の割合が高く，子どもの
割合が低くなっていることに注目する。

---

03 文化やきまりってどういうこと？

1　　　　にあてはまる語句を書きましょう。

(1) 私たちの暮らしに関わる慣習や生活様式などを　文化　といい，と
くに古くから伝わるものを　伝統文化　といいます。

(2) 互いの文化を認め尊重し合うことを　多文化共生　といいます。

(3) 科学の発展は私たちの暮らしを豊かにしてくれます。また，宗教や
芸術　は私たちに勇気や希望を与えてくれます。

(4) 節分や七夕などの　年中行事　は毎年決まった時期に行われます。

(5) 社会集団では対立が起こることもあるので，互いに解決策を話し合い，
合意　を目指して努力することが重要です。

(6) 多くの人が賛成する意見に決める方法を　多数決　といい，この方
法をとるときは，少数意見　にも十分配慮しなくてはいけません。

2　（　）のうち，正しいほうを選びましょう。

(1) 毎年２月には（ 節分・端午の節句 ）が，11月には
（ 彼岸会・七五三 ）が行われます。

(2) 「資源や労力などが無駄なく使えているか」は（ 効率・公正 ）の視点，
「全員がきまりをつくる過程に参加しているか」や，「機会や結果に不公平が
ないか」は（ 効率・公正 ）の視点です。

解説 2 (1) 端午の節句は５月，彼岸会は３月・９月の年中
行事である。

---

04 人権思想はいつごろから発達したの？
本文15ページ

1　　　　にあてはまる語句を書きましょう。

(1) 17世紀ごろから人権思想が発達し，1689年には，イギリスで
権利(の)章典　が発布されました。

(2) 1776年に　アメリカ　で独立宣言，1789年に　フランス
で人権宣言が発表され，自由　権や平等権が保障されるようになり
ました。

(3) 1919年，ドイツ　でワイマール憲法が制定され，世界で初めて，
人間らしい生活を営む権利が認められました。

(4) 第二次世界大戦後は，1948年に国連で　世界人権　宣言が採択さ
れるなど，人権が国際的にも保障されるようになりました。

2　（　）のうち，正しいほうを選びましょう。

(1) 17世紀，イギリスの思想家（ モンテスキュー・ロック ）は『統治二論』
を発表し，抵抗権を唱えました。

(2) 18世紀，フランスの思想家（ ルソー・モンテスキュー ）は『社会契
約論』を発表し，人民主権を唱えました。

(3) （ 平等権・社会権 ）は誰もが人間らしい生活を営むことができる権利で，
20世紀初めにドイツで初めて確立されました。

解説 2 (1)(2) モンテスキューはフランスの思想家で，18世
紀に『法の精神』を発表し，三権分立を唱えた。

05 日本国憲法の原理は？

1 ☐ にあてはまる語句を書きましょう。

(1) 国の政治のあり方を最終的に決める権利を 主権 といい，日本国憲法ではその権利が 国民 にあります。

(2) 日本国憲法の3つの基本原理の1つに，誰もが生まれながらにもっている 基本的 人権の尊重があります。

(3) 日本国憲法第9条では，3つの基本原理のうちの 平和主義 が明確に定められています。

(4) 日本国憲法では，天皇は，日本国や日本国民統合の 象徴 と定められていて，内閣の助言と承認に基づき，国事行為 を行います。

(5) 憲法改正の発議後，国民投票 で過半数の賛成があれば，憲法の改正が承認されます。

2 （ ） のうち，正しいほうを選びましょう。

(1) 日本国憲法は，1946年11月3日に （公布・施行） され，1947年5月3日に （ 公布・施行 ） されました。

(2) 大日本帝国憲法では，主権が （ 内閣・天皇 ） にありました。

(3) 憲法改正原案は国会に提出され，国会では各議院の総議員の3分の （ 1・2 ） 以上の賛成で発議されます。

解説 **1** (3) 日本国憲法第9条では，戦争の放棄や戦力の不保持などが明記されている。

06 基本的人権にはどんな特徴があるの？

1 ☐ にあてはまる語句を書きましょう。

(1) 日本国憲法は，基本的人権 として，自由権や社会権などを保障しています。

(2) 基本的人権の保障は，個人の尊重 の考え方に基づいていて，法の下の平等（ 平等 権）とも深く結びついています。

(3) すべての子どもが一人の人間として尊重されながら成長する権利を保障するために，子ども（児童）の権利 条約があります。

(4) 日本国憲法で保障している基本的人権でも，公共 の福祉に反する場合は制限されることがあります。

(5) 日本国民の3つの義務として，子どもに 普通教育 を受けさせる義務，納税 の義務，勤労の義務があります。

2 （ ） のうち，正しいほうを選びましょう。

(1) 日本国憲法第12条には「この憲法が国民に保障する自由及び権利は，……国民は，これを（濫用・主張） してはならないのであつて，常に公共の福祉のためにこれを利用する （ 自由・責任 ） を負ふ。」とあります。

(2) （ 選挙で投票すること・能力に応じて働くこと ） は国民の義務です。

解説 **1** (3) 子ども（児童）の権利条約では，子どもの生きる権利や守られる権利などが保障されている。

07 平等権の保障のためにどんなことが行われているの？

1 ☐ にあてはまる語句を書きましょう。

(1) 誰もが差別を受けることなく，平等な扱いを受ける権利を 平等 権といいます。

(2) 日本国憲法第14条では，「すべて国民は，法 の下に平等」であることを明記しています。

(3) 男女雇用機会均等 法は，企業に対し，採用や昇進，賃金などに関する男女の差別を禁じています。

(4) 男女の区別なく，その能力をいかし，いろいろな活動に参加できる社会を目指して 男女共同参画社会 基本法が定められています。

(5) 障がいのある人の社会参加などを目的に定められた 障害者基本 法をもとに，生活のさまたげとなるものを取り除く バリアフリー 化が進められています。

2 （ ） のうち，正しいほうを選びましょう。

(1) 日本では，北海道などを居住地としてきた先住民族の （アイヌ・漢） 民族への差別や，部落差別をなくすための取り組みが進められています。

(2) 目の不自由な人を安全に誘導できるように，道路には （点字ブロック・ガードレール ） が整備されています。

解説 **2** (2) 点字ブロックの正式な名前は，視覚障がい者誘導用ブロックという。

08 自由権にはどういう権利があるの？

1 ☐ にあてはまる語句を書きましょう。

(1) 自由に考え行動することのできる権利を，自由 権といいます。

(2) 自由権は，身体の自由，精神（活動） の自由，経済活動の自由に大きく分けることができます。

(3) 経済活動の自由には，居住・移転の自由や，自分の 職業 を自由に選ぶことのできる自由などがあります。

(4) 経済活動の自由として，土地などの 財産 を所有する権利が保障されています。

2 （ ） のうち，正しいほうを選びましょう。

(1) （ 身体・精神 ） の自由には，思想・良心の自由や学問の自由があります。

(2) 裁判官の令状なしに逮捕されることは，（身体・経済活動 ） の自由の侵害にあたります。

(3) 誰でも自由に本を著して出版できることは （ 表現・信教 ） の自由にあたります。

(4) ほかの2つの自由に比べて，公共の福祉による制限を受けやすいのは，（ 精神・経済活動 ） の自由です。

解説 **2** (1) 精神の自由には，ほかに信教の自由と集会・結社・表現の自由，検閲の禁止，通信の秘密がある。

09 社会権ってどういう権利？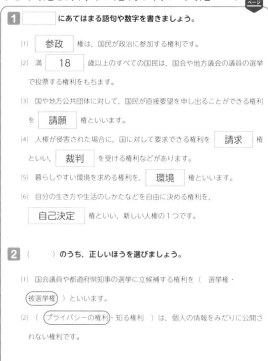

本文25ページ

1 ［　］にあてはまる語句を書きましょう。

(1) 人間らしい豊かな生活を送る権利を　**社会**　権といいます。

(2) 日本国憲法第25条では，「すべて国民は，健康で　**文化**　的な最低限度の生活を営む権利を有する。」と定めています。

(3) 社会権の1つとして，国民は能力に応じて等しく　**教育**　を受ける権利が認められています。

(4) すべての国民は，社会権の1つである　**勤労**　の権利をもち，同時に義務を負っています。

(5) 労働者に認められている団結権，団体交渉権，団体行動権（争議権）をまとめて　**労働基本権（労働三権）**　といいます。

2 （　）のうち，正しいほうを選びましょう。

(1) 社会権のうち，その中心となっているのが，日本国憲法第25条で定められている（　勤労の権利・**生存権**　）です。

(2) 労働基本権のうち，労働者が労働組合をつくる権利を（　**団結権**・団体交渉権　），要求を実現しようとストライキなどを行う権利を（　団体交渉権・**団体行動権**　）といいます。

解説 **2** (2) 団体交渉権は，労働者の団体が労働条件をよくするために使用者と交渉する権利である。

---

10 人権を保障する権利や新しい人権って？

本文27ページ

1 ［　］にあてはまる語句や数字を書きましょう。

(1) **参政**　権は，国民が政治に参加する権利です。

(2) 満　**18**　歳以上のすべての国民は，国会や地方議会の議員の選挙で投票する権利をもちます。

(3) 国や地方公共団体に対して，国民が直接要望を申し出ることができる権利を　**請願**　権といいます。

(4) 人権が侵害された場合に，国に対して要求できる権利を　**請求**　権といい，　**裁判**　を受ける権利などがあります。

(5) 暮らしやすい環境を求める権利を，　**環境**　権といいます。

(6) 自分の生き方や生活のしかたなどを自由に決める権利を，　**自己決定**　権といい，新しい人権の1つです。

2 （　）のうち，正しいほうを選びましょう。

(1) 国会議員や都道府県知事の選挙に立候補する権利を（　選挙権・**被選挙権**　）といいます。

(2) （　**プライバシーの権利**・知る権利　）は，個人の情報をみだりに公開されない権利です。

解説 **1** (2) 選挙権年齢は2016年から満18歳以上に引き下げられた。それまでは満20歳以上だった。

---

11 選挙はどういうしくみで行われているの？

本文31ページ

1 ［　］にあてはまる語句を書きましょう。

(1) 現代の民主政治は，主に，国民が代表者を　**選挙**　で選び，議会を通じて行われます。これを　**間接民主（代議）**　制，または　**議会制民主**　主義といいます。

(2) 現在，日本の選挙の4つの原則には，普通選挙，秘密選挙，平等選挙のほかに　**直接**　選挙があります。

(3) **小選挙区**　制は，1つの選挙区から1人の代表者を選ぶ選挙制度です。

(4) **比例代表**　制は，各政党の得票数に応じて議席を配分する選挙制度です。

2 （　）のうち，正しいほうを選びましょう。

(1) 小政党でも議席を得やすいものの，政党が乱立し議会で物事を決めにくくなることがあるのは（　小選挙区制・**比例代表制**　）です。

(2) 大政党に有利で，少数意見が反映されにくいのは（　**小選挙区制**・比例代表制　）です。

(3) 小選挙区制と比例代表制を組み合わせた小選挙区比例代表並立制がとられているのは（　**衆議院議員**・参議院議員　）の選挙です。

解説 **1** (2) 有権者が，直接候補者に投票することを直接選挙という。

---

12 政党はどういう役割をしているの？

本文33ページ

1 ［　］にあてはまる語句を書きましょう。

(1) 政治について同じ考えをもつ人々が，その考えや政策を実現するためにつくっている団体を　**政党**　といいます。

(2) 国の政治は(1)の団体を中心に運営されていて，これを　**政党政治**　といいます。

(3) (1)の団体は選挙のときに候補者を立て，目指すことを　**公約**（政権公約，マニフェスト）　として示します。

(4) 基本的な政策に合意した複数の政党が協力してつくる政権を　**連立**　政権（内閣）といいます。

(5) 政党のうち，議会で多くの議席を占め，政権を担当する政党を　**与**　党といいます。

(6) (5)以外の政党を　**野**　党といいます。

2 （　）のうち，正しいほうを選びましょう。

(1) 近年，日本では（　単独政権・**連立政権**　）が続いています。

(2) 政府の政策や行動を監視したり批判したりするのは（　与党・**野党**　）の役割です。

解説 **2** (1) 1955年から1990年代の初めまでは，自由民主党（自民党）の単独政権が続いていた。

13 国会の地位やしくみはどうなっているの？
本文 35 ページ

1 ［　　　］にあてはまる語句を書きましょう。

(1) 国民の代表者からなる国会は，日本国憲法で「［ **国権** ］の最高機関」と定められています。

(2) 国会は，［ **法律** ］を制定できる唯一の機関です。

(3) 国会は［ **衆議（参議）** ］院と［ **参議（衆議）** ］院から成り立つ二院制（両院制）です。

2 （　　　）のうち，正しいほうを選びましょう。

(1) 衆議院の解散による総選挙後30日以内に召集される国会を，（ 臨時会（臨時国会）・(特別会（特別国会)) ）といいます。

(2) 常会（通常国会）は，毎年1回，（ (1月)・4月 ）中に召集されます。

(3) 国会のうち，会期が150日間と定められているのは，（ 特別会（特別国会）・(常会（通常国会)) ）です。

(4) 特別会（特別国会）では，まず，（ (内閣総理大臣の指名)・次年度の予算の審議 ）が行われます。

(5) 内閣が必要と認めた場合，または，いずれかの議院の総議員の4分の1以上の要求があった場合に召集される国会を，（ (臨時会（臨時国会))・特別会（特別国会） ）といいます。

解説 **2** (2)(3) 常会（通常国会）では，次年度の予算の議決が行われる。

14 国会はどんな仕事をしているの？
本文 37 ページ

1 ［　　　］にあてはまる語句を書きましょう。

(1) 国会に提出された法律案は，まず少人数の［ **委員会** ］で審議されたのち，議員全員で構成される［ **本会議** ］で審議・議決されます。

(2) 国会の議決により成立した法律は，内閣の助言と承認に基づいて［ **天皇** ］が公布します。

(3) 予算の審議では，関係する人や専門家の意見を聞く［ **公聴会** ］が必ず開かれます。

(4) 国会は，行政全体を指揮・監督する［ **内閣総理大臣** ］を国会議員の中から指名します。

(5) 国会には，証人を呼ぶなどして国の政治がどのように行われているかを調べる［ **国政調査** ］権があります。

(6) 国会は，ふさわしくない行動などがあった裁判官を辞めさせるかどうかを判断する［ **弾劾** ］裁判所を設置することができます。

2 （　　　）のうち，正しいほうを選びましょう。

(1) 予算は，（ (内閣)・国会議員 ）が国会に提出し，国会で審議されます。

(2) 予算は，必ず（ 参議院・(衆議院) ）が先に審議することになっています。

(3) 条約の承認は（ 内閣・(国会) ）の仕事の1つです。

解説 **2** (2) 法律案はどちらの議院が先に審議してもよいが，予算は必ず衆議院が先に審議する。

15 衆議院と参議院はどう違う？
本文 39 ページ

1 ［　　　］にあてはまる語句や数字を書きましょう。

(1) 衆議院には参議院より強い権限が与えられていて，衆議院だけに認められている権限もあります。これを衆議院の［ **優越** ］といいます。

(2) 衆議院議員の任期は［ **4** ］年，参議院議員の任期は［ **6** ］年です。

(3) 選挙に立候補できる被選挙権の年齢は，衆議院議員は満［ **25** ］歳以上で，参議院議員は満［ **30** ］歳以上です。

(4) 衆議院と参議院のうち，解散があるのは［ **衆議** ］院です。

(5) 予算の議決や条約の承認で，参議院が衆議院と異なる議決をした場合，［ **両院協議** ］会を開くことになっています。

2 （　　　）のうち，正しいほうを選びましょう。

(1) 法律案の議決において，衆議院では可決され，参議院では否決された場合，衆議院で出席議員の（ 2分の1・(3分の2) ）以上の賛成で再び可決すれば法律となります。

(2) 国会では，衆議院だけが（ (内閣不信任の決議)・条約の承認 ）を行うことができます。

解説 **1** (1) 衆議院は参議院より任期が短く解散もあるため，国民の意思をより反映すると考えられている。

16 国会と内閣はどういう関係なの？
本文 41 ページ

1 ［　　　］にあてはまる語句を書きましょう。

(1) 内閣が国会の信任の上に成り立ち，国会に対して連帯して責任を負うしくみを［ **議院内閣** ］制といいます。

(2) 内閣総理大臣は，［ **国会議員** ］の中から国会での議決によって指名されます。

(3) 内閣総理大臣は，財務大臣や環境大臣などの［ **国務大臣** ］を任命して内閣を組織します。

(4) 内閣不信任の決議が可決された場合は，内閣は［ **総辞職** ］をするか，10日以内に衆議院を［ **解散** ］しなければなりません。後者の場合は，その後衆議院の［ **総選挙** ］が行われます。

2 （　　　）のうち，正しいほうを選びましょう。

(1) 内閣を構成する国務大臣は，（ 全員・(過半数) ）が国会議員でなければなりません。

(2) 国務大臣は，（ 国会・(内閣総理大臣) ）により任命されます。

(3) 内閣が行う仕事が信頼できない場合，（ (衆議院)・参議院 ）は内閣不信任の決議を行うことができます。

解説 **2** (1) 民間から国務大臣が任命されることもある。

17 内閣はどんな仕事をしているの？

本文43ページ

1 ＿＿＿にあてはまる語句を書きましょう。

(1) 国会の決めた法律や予算に基づいて政治を行うことを 行政 とい
い，最高の行政機関は 内閣 です。

(2) 内閣は，国会により指名された内閣総理大臣（首相）と，その他の
国務大臣 とで構成されます。

(3) 内閣の重要な仕事の1つに，行政機関を通じて， 法律 に従い政
治を進めることがあります。

(4) 内閣の重要な仕事の1つに，国の1年間の収入と支出の見積もりである
予算 を作成することがあります。

(5) 内閣は外国と交渉をして， 条約 を結びます。

(6) 内閣は，天皇の国事行為に対して 助言 と承認を与えます。

(7) 内閣が憲法や法律の規定を実施するために定めるきまりを 政令
といいます。

2 （　）のうち，正しいほうを選びましょう。

(1) 内閣は（ 公聴会・(閣議) ）を開いて仕事の方針を決めます。

(2) 内閣は最高裁判所長官を（ (指名)・任命 ）し，その他の裁判官を
（ 指名・(任命) ）します。

解説 **2** (2) 最高裁判所長官は内閣の指名後，天皇が任命する。これは天皇の国事行為の1つ。

18 裁判所にはどんな種類やしくみがあるの？

本文45ページ

1 ＿＿＿にあてはまる語句を書きましょう。

(1) 国家が法に基づいて争いごとや事件を解決することを
司法（裁判） といいます。

(2) 全国に1か所置かれ，最終的な判断を下す裁判所を 最高 裁判所
といいます。

(3) 下級裁判所には， 高等 裁判所，地方裁判所，家庭裁判所，簡易
裁判所の4種類があります。

(4) 裁判所の判決に不服な場合，上級の裁判所に訴えて3回まで裁判を受けら
れる制度を 三審制 といいます。

(5) すべての裁判官は，その 良心 に従い，独立して裁判を行い，憲
法と法律にのみ拘束されることが定められています。これを
司法権 の独立といいます。

2 （　）のうち，正しいほうを選びましょう。

(1) 主に第二審を扱うのは（ 地方・(高等) ）裁判所です。

(2) 第一審の裁判所の判決に不服がある場合に，次の上位の裁判所に訴えるこ
とを（ 上告・(控訴) ）といい，第二審の裁判所の判決に不服がある場合
に，さらに上位の裁判所に訴えることを（ (上告)・控訴 ）といいます。

解説 **1** (4) 裁判を公正・慎重に行い，裁判のあやまりを防いで人権を守るために三審制をとっている。

19 民事裁判と刑事裁判はどう違うの？

本文47ページ

1 ＿＿＿にあてはまる語句を書きましょう。

(1) 個人や企業間の権利などに関する争いを裁く裁判を 民事 裁判と
いいます。

(2) 盗みなどの犯罪と定められている事件に関する裁判を 刑事 裁判
といいます。

(3) 市民からくじと面接で選ばれた人が裁判官とともに刑事裁判の審理に参加
する制度を 裁判員 制度といい， 司法制度 改革の1つと
して2009年から導入されています。

2 （　）のうち，正しいほうを選びましょう。

(1) 民事裁判の場合，裁判所に訴えた人を（ 被告・(原告) ）といい，訴えら
れた人を（ (被告)・原告 ）といいます。

(2) 刑事裁判で，罪を犯したと疑われる被疑者を裁判所に起訴する人は
（ 警察官・(検察官) ）です。

(3) 刑事裁判で，起訴された被疑者を（ 被告・(被告人) ）といいます。

(4) 裁判で，当事者どうしの話し合いによって和解が成立することがあるのは
（ (民事裁判)・刑事裁判 ）です。

解説 **1** (2) 刑事裁判では有罪か無罪か，有罪の場合はそれに対する刑罰を決める。

20 三権分立ってどういうしくみ？

本文49ページ

1 ＿＿＿にあてはまる語句を書きましょう。

(1) 国家権力を3つの権力に分け，互いに抑制させることで権力の濫用を防ぐ
しくみを 三権分立（権力分立） といいます。

(2) 国会には，ふさわしくない行動などがあった裁判官を辞めさせるかどうか
の裁判を行う権限があります。この裁判を 弾劾 裁判といいます。

(3) 立法権の行政権に対する抑制のはたらきに， 内閣総理大臣 の
指名があります。

(4) 裁判所は国会が定めた法律や，内閣による命令や規則などが憲法に違反し
ていないかを審査します。これを 違憲審査（制） といいます。

(5) 国民審査 とは，衆議院議員総選挙のときに，最高裁判所の裁判
官が適格かどうかを投票で審査することです。

2 （　）のうち，正しいほうを選びましょう。

(1) 国の権力のうち，立法権は（ 内閣・(国会) ），行政権は（ (内閣)・国会 ），
司法権は裁判所に属します。

(2) 行政権の立法権に対する抑制のはたらきに，（ (衆議院の解散)・
内閣不信任の決議 ）があります。

解説 **2** (2) 内閣不信任の決議は，立法権（国会）の行政権（内閣）に対する抑制のはたらきである。

21 地方自治のしくみは国の政治とどう違うの？ 本文51ページ

1 □□□にあてはまる語句や数字を書きましょう。

(1) 地域の住民が，その地域の実情に合わせて自らの意思と責任で政治を行う
ことを **地方自治** といいます。

(2) 都道府県の首長を **知事** といいます。

(3) 地方議会議員の被選挙権は満 **25** 歳以上です。

(4) 地方議会が憲法や法律の範囲内で独自に制定し，その地域にのみ適用され
るきまりを **条例** といいます。

2 （　）のうち，正しいほうを選びましょう。

(1) 都道府県の首長の被選挙権は満（ 25・**30** ）歳以上，市(区)町村の首
長の被選挙権は満（ **25**・30 ）歳以上です。

(2) 直接請求権のうち，解職請求と議会の解散請求は，有権者の
（ **3分の1**・50分の1 ）以上の署名が必要です。

(3) 条例の制定・改廃の請求や監査請求には，有権者の（ 3分の1・
50分の1 ）以上の署名が必要です。

(4) 条例の制定・改廃の請求の請求先は，（ **首長**・選挙管理委員会 ）です。

(5) 議会の解散請求の請求先は，（ 首長・**選挙管理委員会** ）です。

解説 **1**(1) 地方自治は，住民が自ら直接的に政治参加でき
る場面が多く「民主主義の学校」と呼ばれる。

22 地方財政はどんな問題をかかえているの？ 本文53ページ

1 □□□にあてはまる語句を書きましょう。

(1) 国から地方公共団体に支出されるお金のうち，国が使い道を限定して支出
するお金を **国庫支出金** といいます。

(2) 地方財政の収入格差をおさえるために，国が地方公共団体に支出するお金
を **地方交付税交付金(地方交付税)** といいます。

(3) 地方財政の収入のうち，地方公共団体の借金にあたるのは
地方債 です。

2 （　）のうち，正しいほうを選びましょう。

(1) 地方公共団体の財政収入のうち，自主財源で多くを占めているのは
（ **住民税**・所得税 ）などの地方税です。

(2) 地方財政の問題点として，歳入に占める自主財源の割合が（ 高い・
低い ）ことがあります。

(3) 秋田県の歳入は，全国に比べて地方税の割合が（ 高く・**低く** ），地方
交付税交付金や国庫支出金の割合が（ **高く**・低く ）なっています。

(4) 地方公共団体が地域の実情に合った政治ができるように，国に集中してい
る仕事や財源を地方公共団体に移す（ **地方分権**・中央集権 ）が進められ
ています。

解説 **2**(3) 東京都は地方税の割合がとても高いため，地方
交付税交付金は無く，国庫支出金の割合も低い。

23 家計はどんなはたらきをしているの？ 本文57ページ

1 □□□にあてはまる語句を書きましょう。

(1) 私たちが暮らしの中でお金を払って購入するもののうち，形があるものを
財 ，形がないものを **サービス** といいます。

(2) 家計の収入には，給与収入や事業収入のほか，預金の利子やアパートの家
賃収入などの **財産** 収入があります。

(3) 家計の支出のうち，食料費や交通・通信費，教養娯楽費など日々の生活で
消費するための支出を **消費** 支出といいます。

2 （　）のうち，正しいほうを選びましょう。

(1) 家計のいろいろな収入のうち，農業や商店を営んで得られる収入を
（ 財産・**事業** ）収入といいます。

(2) 収入から消費支出や税金，社会保険料などを引いた残りは
（ **貯蓄**・娯楽費 ）です。

(3) 求める量に対して，財やサービスの量が不足した状態を，
（ **希少性**・普遍性 ）があるといいます。

(4) 沈没しそうな船の上では，ダイヤモンドよりも浮輪のほうが，希少性が
（ 低い・**高い** ）といえます。

解説 **2**(2) 税金や社会保険料など，義務として支払わなけ
ればならない支出を非消費支出という。

24 消費者の権利を守るためのきまりって？ 本文59ページ

1 次の問いに答えましょう。

(1) 消費者の権利の保護や消費者の自立を支援するための仕事を中心になって
行っている庁はどこですか。 〔 **消費者庁** 〕

(2) 1968年に定められた消費者保護基本法は，2004年に消費者の権利を明
確に規定した何という法律に改正されましたか。
〔 **消費者基本法** 〕

(3) 消費者が欠陥商品によって被害を受けた場合，企業の過失を証明できなく
ても，製造者の企業に被害の救済を義務づけている法律を何といいますか。
〔 **製造物責任(PL)法** 〕

(4) 訪問販売などで商品を買ったあと，一定期間内であれば無条件で契約を解
除できる制度を何といいますか。 〔 **クーリング・オフ制度** 〕

2 （　）のうち，正しいほうを選びましょう。

(1) 言葉たくみに消費者に商品を売りつける悪質商法には，「あなただけが当
選しました」などと言って呼び出し，商品を売りつける
（ **アポイントメントセールス**・キャッチセールス ）などがあります。

(2) クレジットカードの支払いは（ 先払い・**あと払い** ）なので，買い物を
しすぎてしまうという問題点があります。

解説 **1**(1) 消費者庁は，独立行政法人の国民生活センター
を所管し，消費者問題の仕事にあたっている。

25 株式会社はどういうしくみの会社？ _{本文61ページ}

1 ［　　　］にあてはまる語句を書きましょう。

(1) 企業は，公共の目的のため活動する ［公］ 企業と，利潤を得ることを目的とする ［私］ 企業に分かれます。

(2) 日本の企業の事業所数のうち，約99%が ［中小］ 企業です。

(3) 私企業の代表的なものが株式会社で，［株式］ を発行して資金を集めます。

(4) 企業は，資本で原材料や設備・機械，［労働］ 力などをそろえ，商品を生産します。

2 （　　　）のうち，正しいほうを選びましょう。

(1) 水道局は（ ⦿公企業・私企業 ）です。

(2) 株式会社では，出資者による（ 取締役会・⦿株主総会 ）で事業の基本的な方針が決められます。

(3) 株式会社の仕事の具体的な方針は（ ⦿取締役会・監査役 ）によって決められます。

(4) 株式会社の株主は，会社の利潤の一部を（ 給与・⦿配当 ）として受け取る権利があります。

解説 **2** (2) 株主総会では，配当の決定や役員の選出なども行われる。

26 安心して働くための法律には何があるの？ _{本文63ページ}

1 次の問いに答えましょう。

(1) 賃金や労働時間など労働条件の最低基準を定めている法律を何といいますか。 ［労働基準法］

(2) 労働者が団結して労働組合をつくり，使用者（やとい主，経営者）と対等に話し合う権利を保障するための法律を何といいますか。 ［労働組合法］

(3) 労働者と使用者の間に生じた問題を解決するために定められている法律を何といいますか。 ［労働関係調整法］

2 ［　　　］にあてはまる語句を書きましょう。

(1) 日本国憲法で社会権の1つとして保障されている ［勤労］ の権利を守るために，労働基準法や労働組合法などの法律が定められています。

(2) 労働者は ［労働組合］ を結成して，使用者と労働条件を交渉する権利が法律で認められています。

(3) 近年，終身雇用が崩れ，［非正規］ 労働者が増えるなど，雇用の形態が変化しています。

(4) 近年，仕事と個人の生活を両立させる ［ワーク・ライフ・バランス］ の実現が求められています。

解説 **2** (3) 非正規労働者は，会社の経済状況が悪化すると解雇されやすいなど雇用が不安定である。

27 商品の価格はどのように変化するの？ _{本文65ページ}

1 ［　　　］にあてはまる語句を書きましょう。

(1) 商品を買いたい量を ［需要］ 量，商品を売りたい量を ［供給］ 量といい，それらの関係で決まる市場経済での価格を ［市場価格］ といいます。

(2) 国民生活への影響が大きい電気，水道，ガスの料金や，電車やバス，タクシーなどの交通機関の料金を ［公共料金］ といい，国や地方公共団体が決定や認可を行います。

(3) 1つの企業が，提供する商品の生産量や価格について，有利に決められる状態を ［独占］ といい，少数の企業の場合を ［寡占］ といいます。

2 次の問いに答えましょう。

(1) 需要量が変わらずに，供給量が増えた場合，商品の価格は，上がりますか，下がりますか。 ［下がる］

(2) 価格の変化を表したグラフで，需要曲線と供給曲線が交わる，需要量と供給量が一致した価格を何といいますか。 ［均衡価格］

(3) 自由な競争をうながすため，独占禁止法を運用して，独占や寡占にならないよう監視している機関を何といいますか。 ［公正取引委員会］

解説 **1** (3) 例えば，生活必需品の価格を数社が話し合い，一斉に値上げすると，消費者が不利益を受ける。

28 銀行はどんな仕事をしているの？ _{本文67ページ}

1 ［　　　］にあてはまる語句を書きましょう。

(1) お金の余っているところと不足しているところとの間で行われる資金の貸し借りを ［金融］ といいます。

(2) 日本銀行は，日本の金融の中心となる ［中央］ 銀行です。

(3) 日本銀行には，紙幣を発行する「［発券］ 銀行」，国の資金の出し入れを行う「［政府］ の銀行」，一般の銀行に対して貸し出しや預金の受け入れを行う「［銀行］ の銀行」の役割があります。

(4) 日本銀行は一般の銀行と違い，国（政府）や一般の金融機関とのみ取り引きをし，［個人］ や企業とは取り引きを行いません。

2 （　　　）のうち，正しいほうを選びましょう。

(1) 銀行にお金を返済する場合，借りた金額（元金）に加えて，（ 預金・⦿利子(利息) ）を支払う必要があります。

(2) 日本銀行が一般の銀行との間で国債などの売買を行い，市場の資金量を調節することを（ ⦿公開市場操作・財政投融資 ）といいます。

(3) 好景気（好況）のとき，日本銀行は一般の銀行に国債を売ることにより，銀行の資金量を（ ⦿減らそう・増やそう ）とします。

解説 **2** (1) 金融機関が預かったお金の利子と，お金を貸し出して受け取る利子の差額が金融機関の利益になる。

29 税金にはどんな種類があるの？

本文71ページ

1 次の問いに答えましょう。

(1) 税金のうち，税金を納める人と負担する人が異なる税を何といいますか。

〔 **間接税** 〕

(2) 国に納める税のうち，会社などの利益にかけられる税を何といいますか。

〔 **法人税** 〕

(3) 国に納める税のうち，個人の所得にかけられる税を何といいますか。

〔 **所得税** 〕

(4) 2019年度の国税の内訳で，大きな割合を占めるのは直接税と間接税のどちらですか。

〔 **直接税** 〕

2 ◻ にあてはまる語句を書きましょう。

(1) 税金は，納める先によって， **国** 税と地方税に分かれます。

(2) 国税の間接税で最も大きな割合を占めているのは，さまざまなものやサービスの取り引きにかけられる税である **消費** 税です。

(3) 地方税では，個人が納める **住民** 税が大きな割合を占めています。

(4) 所得税や相続税で採用されている **累進課税** は，所得の高い人や財産の多い人ほど税率が高くなるしくみです。

解説 **2** (2) 消費税は，ものやサービスを購入する際，消費者が負担し，事業者が納める。

---

30 最近，財政はどんなことが問題になっているの？

本文73ページ

1 ◻ にあてはまる語句を書きましょう。

(1) 2020年度の国の歳出で最も高い割合を占めるのは **社会保障** 関係費です。

(2) (1)の費用が多くなっているのは，少子 **高齢** 化が進んでいるからです。

(3) 2020年度の国の歳出で2番目に高い割合を占めているのは **国債** 費です。

2 （　）のうち，正しいほうを選びましょう。

(1) 社会保障関係費には，社会保険や社会福祉，（ 公共事業・**公的扶助** ）などに関する費用が含まれます。

(2) 2016年度の社会保障給付費の内訳を見ると，（ 医療・**年金** ）のための費用が最も大きくなっています。

(3) 少子高齢化が進んだ日本は，税負担を重くして，充実した社会保障を行う（ **大きな**・小さな ）政府か，税負担を軽くして，最小限の社会保障を行う（ 大きな・**小さな** ）政府かの選択を迫られています。

(4) 2020年度の当初予算における，国の歳入に占める公債金の割合（国債依存度）は，約（ 10・**30** ）%です。

解説 **1** (2) 高齢化が進むと，年金保険や医療保険などにかかるお金が増える。

---

31 好景気・不景気のとき国はどういう政策を行うの？

本文75ページ

1 ◻ にあてはまる語句を書きましょう。

(1) 経済は，経済活動が活発になる好景気（好況）と経済活動がにぶる不景気（不況）を繰り返します。これを **景気変動（景気循環）** といいます。

(2) 政府が税の取り方や支出のあり方などを変えて景気の変動を調節する政策を **財政** 政策といいます。

(3) 多くの商品の価格の平均を **物価** といいます。

(4) (3)が継続して上がる現象を **インフレーション（インフレ）** といい，逆に継続して下がる現象を **デフレーション（デフレ）** といいます。

2 （　）のうち，正しいほうを選びましょう。

(1) 好景気のとき，企業の生産規模は（ **拡大**・縮小 ）し，労働者の賃金は（ **上昇**・下落 ）します。

(2) 不景気のとき，企業の生産規模は（ 拡大・**縮小** ）し，失業者が（ **増加**・減少 ）します。

(3) 政府は，好景気のときは，公共事業への支出を（ 増やし・**減らし** ）たり，（ 減税・**増税** ）を行ったりして，景気の行き過ぎをおさえます。

(4) 不景気のときに減税を行うと，消費活動を（ **活発にする**・おさえる ）効果が期待できます。

解説 **1** (4) インフレーションは貨幣の価値が下がり，デフレーションは貨幣の価値が上がる現象。

---

32 円高・円安ってどういうこと？

本文77ページ

1 ◻ にあてはまる語句を書きましょう。

(1) 国境を越えて人や物，お金の行き来がさかんになり，経済の **グローバル** 化が進んでいます。

(2) 国境を越えた商品の取り引きを **貿易** といいます。

(3) 通貨と通貨の交換比率を **為替相場（為替レート）** といいます。

(4) 海外の安い労働力を求めて，多くの企業が工場を海外へ移した結果，国内の製造業が衰退することを **産業の空洞化** といいます。

2 （　）のうち，正しいほうを選びましょう。

(1) 1ドル＝100円が1ドル＝80円になると（ **円高**・円安 ）です。

(2) 円高とは円の価値が（ **上がる**・下がる ）ことで，輸出には（ 有利・**不利** ）になります。

(3) 円安とは円の価値が（ 上がる・**下がる** ）ことで，輸入には（ 有利・**不利** ）になります。

解説 **1** (4) 産業の空洞化は，国内の雇用を減らし，失業者の増加などの問題を起こす。

33 社会保障制度の4つの柱って？ 本文79ページ

1 ◻️ にあてはまる語句を書きましょう。

(1) 日本の社会保障制度は、社会保険、公的扶助、社会福祉、
公衆衛生 の4つの柱から成り立っています。

(2) 社会保障制度のうち、加入者や国などがかけ金を積み立て、必要になった
ときに保険金の給付を受けるしくみを 社会保険 といいます。

(3) (2)のうち、高齢者など介護を必要とする人が介護サービスを受けることが
できるものを 介護保険 といいます。

(4) 社会保障制度のうち、高齢者や障がいのある人、児童、一人親の家庭など
に保護や援助を行うものを 社会福祉 といいます。

2 （ ）のうち、正しいほうを選びましょう。

(1) 社会保障制度の整備は、国民の（ 生存権・自由権 ）を保障するために
必要です。

(2) 年をとったときの生活を保障するためのしくみに
（ 雇用保険・年金保険 ）があります。

(3) 社会保障関係費のうち、最も割合が高いのは、医療・年金保険などの
（ 公的扶助・社会保険 ）の費用です。

解説 ▶ **2** (1) 生存権は日本国憲法の第25条において保障され
ている。

---

34 環境を守るために行われていることは？ 本文81ページ

1 ◻️ にあてはまる語句を書きましょう。

(1) 1960年代を中心に続いた高度経済成長期に、日本各地でさまざまな
公害 が問題になりました。

(2) 三重県四日市市で発生した大気汚染は 四日市ぜんそく です。

(3) 環境行政の仕事を中心になって進めている省庁は 環境省 です。

(4) 1993年、総合的な環境保全政策に取り組むために 環境基本 法
が制定されました。

(5) 循環型社会をつくるためには、リデュース、リユース 、リサイ
クルという「3R」が必要です。

2 次の問いに答えましょう。

(1) 九州の八代海沿岸で、水質汚濁により起こった公害病を何といいますか。
〔 水俣病 〕

(2) 富山県の神通川流域で水質汚濁により起こった公害病を何といいますか。
〔 イタイイタイ病 〕

(3) ペットボトルや古紙など、いらなくなったものを資源として再生して利用
することを何といいますか。
〔 リサイクル 〕

解説 ▶ **1** (5) リユースは、不用になったものをフリーマーケッ
トなどで他人に譲り、繰り返し使うこと。

---

35 国際社会にはどんなルールがあるの？ 本文85ページ

1 ◻️ にあてはまる語句を書きましょう。

(1) 国家が成り立つための3つの要素は、国民、領域 、主権です。

(2) 独立国は、他国から支配されず、干渉を受けない権利である 主権
をもっています。

(3) 国際社会において、国と国が守るべきルールを 国際法 といい、
条約や国際慣習法があります。

(4) 国の主権がおよぶ範囲のうち、陸地の部分を 領土 といい、海岸
から一般に12海里の水域を 領海 といいます。

(5) 排他的経済水域の外側の水域を 公海 といいます。

2 （ ）のうち、正しいほうを選びましょう。

(1) 海岸から（ 120・200 ）海里内の排他的経済水域では、水産・鉱産資
源は沿岸国に権利があります。

(2) 択捉島、国後島、色丹島、歯舞群島の北方領土は、現在、（ ロシア・
中国 ）に占拠されており、日本はその返還を求めています。

(3) 島根県に属する（ 竹島・対馬 ）は、韓国が不法に占拠しています。

(4) 沖縄県に属する（ 小笠原諸島・尖閣諸島 ）は、1970年代から中国が
領有権を主張するようになりました。

解説 ▶ **2** (4) 尖閣諸島周辺で石油などの資源の埋蔵が報告さ
れると、中国が領有権を主張するようになった。

---

36 国際連合にはどんな機関があるの？ 本文87ページ

1 （ ）のうち、正しいほうを選びましょう。

(1) 国際連合（国連）は、1945年10月、（ 51・92 ）か国で発足しました。

(2) 国連の加盟国は、1960年代には、（ ヨーロッパ・アフリカ ）諸国を
中心に急増しました。その後も加盟国が増え、2019年末の加盟国数
は、（ 162・193 ）か国です。

(3) 発展途上国などの子どもたちを援助している国連児童基金の略称は
（ UNICEF・IAEA ）です。

(4) 自由な貿易を推進している世界貿易機関の略称は（ FAO・WTO ）で
す。

2 ◻️ にあてはまる語句を書きましょう。

(1) 国連の本部がある都市はアメリカの ニューヨーク です。

(2) 国連の主要機関には、全加盟国によって構成される 総会 を中心
に、安全保障理事会、経済社会 理事会、信託統治理事会、事務局
などがあります。

(3) 世界遺産の保護活動などを行っている国連教育科学文化機関の略称を
UNESCO といいます。

(4) 発展途上国で医療や衛生などの活動を行ったり、伝染病の予防などを行っ
ているのは WHO（世界保健機関） です。

解説 ▶ **1** (2) 1960年は、「アフリカの年」と呼ばれ、アフリ
カの17の国が植民地からの独立を達成した。

37 国連が行っている活動はどんなこと？ 本文89ページ

1 □□□ にあてはまる語句を書きましょう。

(1) 国連で世界平和と安全の維持の中心になっている機関は

　│ 安全保障 │ 理事会です。

(2) 国連は，紛争地域で停戦の監視や公正な選挙の監視などを行う平和維持活動を行っています。この活動の略称を │ PKO │ といいます。

(3) 2015年，国際連合は，世界が抱えている課題を解決するために，具体的な目標を設定した │ 持続可能な開発目標 │ （SDGs）に合意しました。

2 次の問いに答えましょう。

(1) 安全保障理事会の5つの常任理事国は，アメリカ，ロシア，イギリス，フランスと，あと1つはどこですか。

　│ 中国（中華人民共和国） │

(2) 安全保障理事会の重要議題では，常任理事国のうち1か国でも反対があれば決定できないことになっています。この常任理事国の特権を何といいますか。

　│ 拒否権 │

(3) 安全保障理事会の非常任理事国は何か国ですか。

　│ 10か国 │

(4) 2015年に国際連合で合意したSDGsは，具体的な大きな目標をいくつ設定しましたか。

　│ 17 │

解説 **2**(4) 「貧困をなくそう」「安全な水とトイレを世界中に」「人や国の不平等をなくそう」などの具体的な目標。

---

38 国々のまとまりにはどんなものがあるの？ 本文91ページ

1 □□□ にあてはまる語句を書きましょう。

(1) グローバル化が進んだ世界では，特定の地域でいくつかの国々が経済や安全保障の分野で協力し合う動きがみられます。このような動きを │ 地域主義（地域統合） │ （リージョナリズム）といいます。

(2) ヨーロッパの国々が政治・経済の統合を進めている組織である │ ヨーロッパ連合 │ の略称をEUといいます。

(3) EUは，多くの国が共通通貨である │ ユーロ │ を導入しています。

(4) アフリカ諸国は，2002年に │ アフリカ連合 │ （AU）を発足させ，経済的な統合を目指しています。

2 （　）のうち，正しいほうを選びましょう。

(1) ASEANは（　西アジア・(東南アジア)　）諸国が結成している政治・経済の協力組織です。

(2) アジア太平洋経済協力会議の略称を（　OPEC・(APEC)　）といい，アメリカや日本，ロシアなどの国々が参加しています。

(3) （　(USMCA)・WTO　）は，NAFTAに代わって，アメリカ，カナダ，メキシコが新たに結んだ協定です。

(4) 2016年に行った国民投票によって，（　(イギリス)・ドイツ　）は，2020年にEUから離脱しました。

解説 **1**(3) ユーロは全加盟国が導入しているわけではなく，デンマークなどは自国の通貨を使用している。

---

39 南北問題ってどういう問題？ 本文93ページ

1 次の問いに答えましょう。

(1) 人口の増えかたがとくに大きい州は，アジアとどこですか。

　│ アフリカ(州) │

(2) 先進工業国と発展途上国の間の経済格差から生まれる問題を何といいますか。

　│ 南北問題 │

(3) 1960年代以降に急速に工業化したホンコン，韓国，シンガポール，台湾などをまとめて何といいますか。

　│ NIES（新興工業経済地域） │

(4) 2000年代に入って，急速に経済成長したブラジル，ロシア連邦，インド，中国，南アフリカ共和国をまとめてアルファベットで何といいますか。

　│ BRICS │

2 （　）のうち，正しいほうを選びましょう。

(1) 2019年時点の世界の人口は，（　(70)・90　）億人を超えています。

(2) BRICSとはブラジル，ロシア連邦，インド，中国，（　(南アフリカ共和国)・フィリピン　）の5か国です。

(3) 近年，途上国の間でも経済格差が広がっており，（　東西・(南南)　）問題と呼ばれています。

解説 **1**(4) BRICSの国々の経済成長は，人口が多く資源にめぐまれているという共通した要因がある。

---

40 今，地球環境にどんな問題が起こっているの？ 本文95ページ

1 次の問いに答えましょう。

(1) 二酸化炭素などの増加によって地球の気温が上昇する環境問題を何といいますか。

　│ 地球温暖化 │

(2) 工場や自動車の排出ガスなどに含まれる硫黄や窒素の酸化物が混じり，森林を枯らす被害などを出す雨を何といいますか。

　│ 酸性雨 │

(3) 立ち木の伐採や過放牧などが原因で土地が荒れ，不毛の土地になることを何といいますか。

　│ 砂漠化 │

(4) 2015年に採択され，すべての国や地域が温室効果ガスの削減目標を立てて取り組むことを決めた協定を何といいますか。

　│ パリ協定 │

2 □□□ にあてはまる語句を書きましょう。

(1) 地球温暖化を引き起こす │ 温室効果 │ ガスの1つである二酸化炭素は，石油や石炭などの化石燃料の燃焼によって発生します。

(2) 1992年，ブラジルのリオデジャネイロで開かれた国連環境開発会議のことを │ 地球 │ サミットと呼んでいます。

(3) 1997年，地球温暖化を防止するため，日本の │ 京都 │ 市で会議が開かれ，先進国の温室効果ガスの削減枠が決められました。

解説 **1**(4) パリ協定では，発展途上国を含むすべての国や地域が温室効果ガス削減に取り組むことになった。

41 世界の資源を守るために大切なことは？
本文97ページ

1 次の問いに答えましょう。

(1) エネルギー資源として最も多く使われている石油，石炭，天然ガスなどを何といいますか。

〔 化石燃料 〕

(2) 2020年1月1日現在，最も多くの原油が埋蔵されている地域はどこですか。

〔 中東 〕

(3) 二酸化炭素を排出しない太陽光，風力，地熱などから得られるエネルギーを何といいますか。

〔 再生可能エネルギー 〕

2 ◯ にあてはまる語句を書きましょう。

(1) 石油や石炭などを消費すると，| 地球温暖化 | の原因となる二酸化炭素などの温室効果ガスが発生します。

(2) 日本の発電は主に火力発電，原子力発電，| 水力発電 | によってつくられてきました。

(3) 2011年の | 東日本大震災 | での福島第一原子力発電所の事故により，大量の放射性物質が放出されました。

(4) (3)により，各地の原発が停止したことで電力が不足し，| 計画停電 | が行われました。

解説 **1** (3) 再生可能エネルギーは，自然条件に左右されることや費用が高いことなど，抱える課題も多い。

42 貧困や難民ってどういう問題？
本文99ページ

1 ◯ にあてはまる語句を書きましょう。

(1) 生活に使える金額が1日に1.9ドル未満の状態を，| 貧困 | といいます。

(2) 途上国の人々が飢餓に直面しているいっぽうで，先進国では，食料を余らせて捨ててしまう | 食品ロス | が問題になっています。

(3) 途上国の人々が生産した農産物や製品を，先進国の人々が適正な価格で購入し，途上国の生産者の自立を支える | フェアトレード |（公正貿易）の取り組みが行われています。

(4) | 国連難民高等弁務官事務所 |（UNHCR）は，難民を保護する活動を行っています。

(5) 宗教や民族対立など，特定の政治的な主張を社会に伝えるために，暴力を用いることを | テロリズム（テロ） | といいます。

2 （ ）のうち，正しいほうを選びましょう。

(1) 世界では，約（ ⑨・30 ）人に1人が貧困の状態にあります（2018年）。

(2) アフリカのマリでは，約（ 5・㊿ ）%の人たちが貧困の状態にあります（2009年）。

(3) 難民発生数を地域別で見ると，（ 南北アメリカ・(サハラ以南のアフリカ) ）で最も多くの難民が発生しています（2017年末）。

解説 **1** (2) 日本では，年間612万トンもの食料が，まだ食べられるにもかかわらず廃棄されている（2017年）。

43 日本は世界でどんな役割をしているの？
本文101ページ

1 ◯ にあてはまる語句を書きましょう。

(1) 日本は，核兵器について，「持たず，つくらず，| 持ちこませず |」の原則をかかげています。

(2) 1992年に | PKO | 協力法（国際平和協力法）が制定され，日本も紛争地域に | 自衛隊 | などを派遣するようになりました。

(3) 政府開発援助では，| 発展途上国(途上国) | への資金援助や技術協力，| 青年海外 | 協力隊などの人材の派遣を行っています。

2 次の問いに答えましょう。

(1) 日本が核兵器についてかかげている原則を何といいますか。

〔 非核三原則 〕

(2) 政府開発援助の略称をアルファベット3文字で何といいますか。

〔 ODA 〕

(3) 国境を越えてさまざまな活動を行っている非政府組織をアルファベット3文字で何といいますか。

〔 NGO 〕

解説 **2** (1) 非核三原則は，1967年に当時の佐藤栄作首相が表明した。

1
(1) 国際分業
(2) ウ
(3) 人工知能（AI）

解説

(1) ヨーロッパの国々は，各国の企業が共同で企業をつくり，国際分業で航空機を生産している。

(2) アはパソコンの世帯普及率，イはインターネットの世帯普及率を示している。

2
(1) 1.3
(2) 少子高齢
(3) エ
(4) 例高齢者の割合が高くなるので，<u>現役世代</u>にかかる<u>社会保障費</u>の負担が重くなる。

解説

(1) 15 〜 64歳の数値を65歳以上の数値で割って求める。よって，51.4÷38.4＝1.33…となり，小数第2位を四捨五入して，約1.3人。

(2) 資料1から，日本では少子高齢化がさらに進んでいくと考えられる。

(4) 資料2から，2017年の社会保障給付費の国民所得に占める割合は，1990年の2倍以上になっていることがわかる。資料1より現役世代（15〜64歳）の割合は今後さらに低下し，高齢者（65歳以上）の割合は増加するので，現役世代の負担はより重くなると考えられる。

3
(1) ウ
(2) ①イ ②イ

解説

(1) アの七五三は11月，イのお盆（盂蘭盆会）は7月または8月，エのひな祭りは3月に行われる。

(2)① アの全会一致（全員一致）は，決めるのに時間がかかるのが短所である。

② アとウは公正の考え方に基づく観点である。

1
(1) 国民主権
(2) ①経済活動の自由
　　②身体の自由
(3) 例目の不自由な人が，安全に移動できるように，誘導する役割を果たしている。

解説

(1) 国民主権とは，国の政治のあり方を最終的に決める権利が国民にあること。

(2)① 経済活動の自由には，居住・移転・職業選択の自由や財産権の保障（不可侵）がある。

(3) 写真は，点字ブロック（視覚障がい者誘導用ブロック）である。

2
(1) 生存権
(2) ワイマール憲法
(3) ウ

解説

(2) ワイマール憲法は，1919年に制定されたドイツ共和国憲法のこと。

(3) 社会権には，生存権のほか，勤労の権利，教育を受ける権利，労働基本権（労働三権）がある。

3
(1) 環境権（日照権）
(2) イ (3) ウ
(4) エ

解説

(1) 環境権は，暮らしやすい環境を求める権利。

(2) Bさんは，小説によって自分の考えを表現する権利を主張した。これは自由権のうちの表現の自由である。これに対してCさんは，Bさんの小説によって，個人の情報をみだりに公開されない権利（プライバシーの権利）が侵害されたと主張した。

(4) 請願権は，国や地方公共団体に直接要望を申し出ることができる権利で，参政権の1つ。

1
(1) ①本会議　②公聴会
(2) エ　　(3) イ

解説

(1) 国会では，まず数十人の委員からなる専門の委員会で審議されたのち，すべての議員で構成される本会議へ進む。

(2) アの毎年1月中に召集されるのは常会（通常国会）。イの衆議院議員の任期は4年で，参議院議員の任期は6年。ウの衆議院議員の選挙は，小選挙区制と比例代表制を組み合わせた小選挙区比例代表並立制で行われている。

(3) 国務大臣は過半数が国会議員である必要があり，民間からも選ばれることがある。

2
(1) 例裁判を公正・慎重に行い，裁判のあやまりを防いで，人権を守るため。
(2) 裁判員制度
(3) A 検察官　B 被告人

解説

(3) 刑事裁判で起訴された人を被告人というのに対し，民事裁判で訴えられた人は被告という。混同しないようにしよう。

3
(1) 三権分立（権力分立）
(2) ①イ　②エ　③ア

解説

(1) 立法権は国会，行政権は内閣，司法権は裁判所がもつ。

(2)① 法律が憲法に違反していないかを審査することで，裁判所の役割である。

4
(1) 条例
(2) イ

解説

(2) 議会の解散請求や解職請求（リコール）に必要な署名数は有権者の3分の1以上で，条例の制定・改廃の請求や監査請求には有権者の50分の1以上が必要。

1
(1) サービス　　(2) ア，オ
(3) イ

解説

(2) 消費支出は，生活に必要な財やサービスに使う支出。アの社会保険料は非消費支出，オの銀行預金は貯蓄である。

(3) アは製造物責任法（PL法）の説明。

2
(1) ①イ　②ア　　(2) ア

解説

(1)② 年末は帰省や旅行で移動する人が多く，飛行機のチケットの需要が高まる。高い需要が見込めるため，年末年始やゴールデンウィーク期間などの交通機関や宿泊施設の料金は高く設定されることが多い。

(2) Aが需要曲線，Bが供給曲線。

3
(1) 利潤（利益）　　(2) イ，ウ
(3) ワーク・ライフ・バランス
(4) 例労働条件の最低基準を定めている法律。

解説

(3) 長時間労働による心身の病気や過労死などが社会問題になった背景がある。

(4) 労働基準法，労働組合法，労働関係調整法の3つが労働三法。

4
(1) 利子（利息）　　(2) ウ
(3) 例一般の銀行の資金量を調整することによって景気の安定をはかる政策。

解説

(1) 元金に対する利子の比率を金利（利子率，利率）という。

(2) 日本銀行は，一般の企業や個人とは取り引きしない。

(3) 不景気のときには景気を回復させ，好景気のときには景気の行き過ぎをおさえる。

1 (1) Aア　Bウ　Cオ
(2) 例所得が高い人や財産が多い人ほど税率が高くなるしくみ。

解説
(1) イは相続税，エは不動産取得税。
(2) 累進課税は，税金を納めたあとの所得の差を小さくする効果がある(所得の再分配)。

2 (1) 国債　(2) A　(3) ①ア　②イ

解説
(2) 社会保障関係費が最も高い割合を占めているAのグラフが2020年である。
(3) 社会保障制度は，日本国憲法第25条で保障されている「健康で文化的な最低限度の生活を営む権利」(生存権)に基づいている。

3 (1) インフレーション(インフレ)
(2) ア，イ

解説
(1) 図中のBの時期に物価が継続して下がり続ける現象はデフレーション(デフレ)という。
(2) 公共事業への支出を増やすことで雇用が増え，減税を行うことで消費が拡大する。

4 (1) ①A　②B
(2) 例多くの企業が工場を海外へ移転させた結果，国内の生産が衰え，失業者が増えるなどの問題が起こること。

解説
(1)② 円高が続くと輸出産業は打撃を受ける。

5 (1) Aウ　Bイ　Cエ　Dア
(2) リサイクル

解説
(2) リサイクルは，廃棄物を回収して資源にもどし再利用すること。新聞紙などの紙類や空き缶，ペットボトルなどで行われている。

1 (1) 排他的経済水域
(2) B南鳥島　C沖ノ鳥島
(3) ①イ　②ア　③ウ

解説
(1) 島国(海洋国)である日本の排他的経済水域の面積は，国土面積の10倍以上ある。
(2) 日本の北端は択捉島，西端は与那国島。
(3)① 択捉島，国後島，色丹島，歯舞群島の北方領土。
② 島根県に属している竹島。
③ 沖縄県に属している尖閣諸島。

2 (1) ア　(2) ①ウ　②エ　(3) 総会
(4) 持続可能な開発目標(SDGs)

解説
(1) 安全保障理事会の5つの常任理事国は，アメリカ合衆国，ロシア，中国，イギリス，フランス。
(2)① 国連教育科学文化機関。世界遺産の登録も行っている。
② 世界保健機関。

3 (1) Aオ　Bイ　Cウ
(2) ヨーロッパ連合(EU)

解説
(1) Aはアフリカ連合，Bは東南アジア諸国連合。Cは北米自由貿易協定(NAFTA)に代わる新しいアメリカ・メキシコ・カナダの協定(USMCA)。
(2) 2016年に行った国民投票によってイギリスはヨーロッパ連合(EU)からの離脱を決めた。

4 (1) エ　(2) イ　(3) イ，ウ　(4) ウ
(5) 例発展途上国の農産物などを適正な価格で取り引きし，発展途上国の生産者の自立を支える取り組み。

解説
(1) BRICSは，ブラジル，ロシア連邦，インド，中国，南アフリカ共和国の5か国。
(4) アはアメリカ合衆国，イはドイツ，エはイタリア。